via Comelico, 3 – 20135 Milano
http://www.guerini.it
e-mail: info@guerini.it

Prima edizione: aprile 2025

Le fotografie presenti nel volume provengono
dall'archivio personale di Maurizio Bragagni

Ristampa: V IV III II I 2025 2026 2027 2028 2029

Publisher Mattia Pittau

Copertina di Donatella D'Angelo

Le fotografie degli autori in copertina sono,
per Maurizio Bragagni, del suo archivio personale,
e per Alessandro Vergni di Francesco Minucci

Printed in Italy

ISBN 978-88-6896-548-8

MAURIZIO BRAGAGNI
ALESSANDRO VERGNI

L'AMICIZIA, UN SEGRETO DA CONDIVIDERE

La storia di Maurizio Bragagni: una vita di impresa, impegno e fede incrollabile

prefazione di Francesco Bongarrà

guerini NEXT

INDICE

Prefazione

di Francesco Bongarrà[*]

Questo libro invita a un «viaggio» nella vita di Maurizio Bragagni. Una vita fatta di fede, di innovazione, di esperienza e di politica. Questa non è solo una storia di successo imprenditoriale, ma un racconto vibrante di come visione, fede e determinazione possano cambiare il mondo.

Maurizio è un vero e proprio mago delle connessioni: immaginatevi un italiano a Londra che riesce a fondere la passione mediterranea con l'eleganza e l'*understatement* britannici. Non è solo un imprenditore di successo; è un visionario che ha saputo portare l'etica olivettiana nel cuore del capitalismo inglese. La sua azienda, Tratos, non è solo una fabbrica di cavi, ma un simbolo di come l'innovazione possa essere intrecciata con il benessere dei dipendenti. La storia di Maurizio è costellata di eventi che sembrano usciti da un romanzo. Dal suo coinvolgimento nel referendum sulla Brexit alla sua candidatura al Senato italiano, ogni passo è stato una nuova sfida da lui affrontata con coraggio e de-

* Direttore dell'Istituto Italiano di Cultura di Londra.

terminazione. E quando la vita gli ha presentato ostacoli, lui li ha trasformati in opportunità.

Ma ciò che rende davvero speciale Maurizio è la sua capacità di costruire ponti tra mondi diversi. Come Console di San Marino a Londra, ha portato la piccola repubblica al centro della blasonatissima scena politica britannica. E non dimentichiamo il prestigioso *Queen's Award for Enterprise*, che ha vinto grazie alla sua capacità di innovare in un settore tradizionale come quello dei cavi.

La fede, poi, gioca un ruolo centrale nella vita di Maurizio. Non è solo una questione privata, ma una forza trainante che guida ogni sua azione. «Non credo nelle coincidenze, credo nei miracoli», dice spesso. E questa frase riassume perfettamente il suo approccio alla vita: vedere il possibile dove gli altri vedono l'impossibile.

Questo libro vi porterà nel cuore delle sue esperienze, facendovi scoprire l'uomo dietro l'imprenditore e il diplomatico. Scoprirete come la sua fede e i suoi valori ne abbiano influenzato ogni decisione e come abbia saputo mantenere la sua umanità in un mondo spesso spietato. Preparatevi a un viaggio entusiasmante attraverso le esperienze di Maurizio Bragagni: dalle stanze del potere ai mercati globali, dai momenti intimi con amici e colleghi alle grandi cerimonie internazionali. Questa è una storia che vi spingerà a credere nei vostri sogni e a vedere le sfide come opportunità per crescere e fare la differenza. Incontrerete un uomo che porta fortuna non per magia, ma per la sua capacità unica di ispirare e motivare chiunque incontri. Un uomo che ci ricorda che i veri miracoli accadono quando si ha il coraggio di credere e la determinazione di agire. Buona lettura!

Introduzione

Nihil Difficile Volenti

Un giorno, Alessandro venne a trovarmi con una proposta: scrivere la storia degli ultimi dieci anni – dai miei tempi presso la Cass Business School al ricevimento dell'OBE. Ho respinto subito l'idea, convinto che sarebbe stata di scarso interesse per chiunque. Ma Alessandro, sempre persistente, aveva fatto i compiti. Mi presentò una struttura, una visione chiara e – forse soprattutto – il sostegno di un editore che mi assicurò che una storia del genere valeva davvero la pena di essere raccontata. Con una certa riluttanza, accettai. Non per vanità, ma come riflessione sul percorso che mi aveva portato fin qui e, forse, come testimonianza di ciò che la perseveranza e la fede possono realizzare. All'epoca pensavo che non ci fosse fretta – dopotutto le prossime elezioni nel Regno Unito erano ancora lontane. Poi, come il destino volle, Rishi Sunak le indisse prima del previsto. E così il libro si trova pronto giusto in tempo per il mio cinquantesimo compleanno. Un'occasione tempestiva, forse, per condividere queste riflessioni. Se c'è un messaggio da portare via da queste pagine è questo: con fede, perseveranza e persistenza si può ottenere qualsiasi cosa nella vita. Questo è lo spirito dietro il titolo, Nihil difficile volenti – nulla è difficile per chi lo vuole veramente. Ti lascio, caro lettore, con questo pensiero e ti invito a intraprendere questo viaggio con me.

Buona lettura.

MAURIZIO BRAGAGNI

Ho incontrato Maurizio all'università e siamo diventati subito amici. Questo legame si è rafforzato nel tempo, anche quando vivere in paesi diversi e avere impegni fitti – e, naturalmente, una pandemia globale – significava non poter avere conversazioni faccia a faccia per mesi. Ogni volta che ci incontriamo di nuovo è come se non sia passato del tempo e riprendiamo la conversazione da dove l'abbiamo lasciata. Ho avuto l'idea di questo libro per la prima volta nell'aprile 2023, quando ho realizzato che la storia affascinante di Maurizio rischiava di rimanere non raccontata. Tuttavia, non volevo che fosse una semplice autobiografia; desideravo che le persone capissero Maurizio come lo capisco io, come un vecchio e caro amico. Ecco perché questo libro racconta la storia di Maurizio attraverso una serie di conversazioni dal mio punto di vista. Negli ultimi quattro anni Maurizio e io abbiamo parlato a cena e durante lunghe passeggiate nella nostra città natale, abbiamo anche avuto conversazioni telefoniche rubate a tarda notte. Ho registrato informalmente queste conversazioni nella speranza di conservarle in un libro. C'è voluto un po', ma alla fine ho convinto Maurizio che le persone sarebbero state interessate a questa storia che state per leggere.

Buona lettura.

ALESSANDRO VERGNI

Success is not final, failure is not fatal: it is the courage to continue that counts.

Il successo non è definitivo, il fallimento non è fatale: ciò che conta è il coraggio di andare avanti.

Winston Churchill

Elizabeth R

Elizabeth the Second, *by the Grace of God of the United Kingdom of Great Britain and Northern Ireland and of Her other Realms and Territories Queen, Head of the Commonwealth, Defender of the Faith and Sovereign of the Most Excellent Order of the British Empire to Our trusty and well beloved* ***Maurizio Bragagni Esquire***

Greeting

Whereas *We have thought fit to nominate and appoint you to be an Ordinary Officer of the Civil Division of Our said Most Excellent Order of the British Empire*

We do *by these presents grant unto you the Dignity of an Ordinary Officer of Our said Order and hereby authorise you to have hold and enjoy the said Dignity and Rank of an Ordinary Officer of Our aforesaid Order together with all and singular the privileges thereunto belonging or appertaining.*

Given *at Our Court at Saint James's under Our Sign Manual and the Seal of Our said Order this Twelfth day of June 2021 in the Seventieth year of Our Reign.*

By the Sovereign's Command.

Grand Master.

Grant of the Dignity of an Ordinary Officer of the Civil Division of the Order of the British Empire to ***Maurizio Bragagni, Esq.***

Order of the British Empire

«Lo zampino di Dio o della Regina?»

Londra, *Anno Domini* 2023 – notte.

L'ufficio di Maurizio è avvolto dal silenzio. Siamo alla fine di una giornata molto particolare, per lui sicuramente. Certe giornate sono destinate a restare a memoria e beneficio per sé e per molti altri. Nella penombra, sta seduto sul divano con il suo Toscano tra i denti. Faccio per tirare fuori dallo zaino uno dei miei.

«Sono sul tavolo».

Mi servo. Gli faccio i complimenti per il nuovo traguardo raggiunto. Essendo in città per qualche giorno di vacanza ho pensato di raggiungerlo non appena si fosse liberato dai suoi impegni. Lui ha accettato volentieri, con me non si tira mai indietro, a costo a volte di rimetterci in ore di sonno. D'altronde è una delle cose che me lo fa sentire particolarmente vicino, questo continuo andare oltre ogni ragionevole misura. Accendo.

Sono felicissimo per quello che ti è successo oggi, ma voglio sapere come ti senti, e guarda che non mi interessano le emozioni, quelle fra qualche ora, al massimo qualche giorno non ci saranno più. Voglio sapere come leggi questi fatti.

A dire la verità sono ancora incredulo per quello che è accaduto oggi, perché, vedi, non è che tutti i giorni venga conferito un riconoscimento come quello di *Officer of the Order of British Empire* a un italiano; e poi il modo in cui mi è stato conferito è unico.

Spiegami bene. Cosa intendi?

Questa onorificenza risale al 1917, quando fu istituita da Re Giorgio v; mi è stata assegnata per l'impegno dimostrato come imprenditore e per la mia attività volontaria nella politica nel Regno Unito. Il titolo me lo ha conferito il *Lord Mayor* della *City*, sindaco della *City* di Londra Nicholas Stephen Leland Lyons nello storico palazzo di Mansion House alla presenza di numerose personalità, tra cui il Console Generale Italiano a Londra. La cosa sorprendente, ed ecco una prima particolarità, è che in quasi settecento anni dall'istituzione del titolo di *Lord of the City*, nessun *Lord* aveva mai consegnato una onorificenza direttamente a un cittadino. Perché non è il lavoro del *Lord* della *City* conferire le onorificenze, questo è il lavoro del *Lord Left Tenent*, che rappresenta il sovrano. Quindi, il mio caso è il primo della storia del Regno, il primo della *City* di Londra. Ti pare poco?

Che ti sia stato conferito per meriti imprenditoriali e istituzionali l'ho capito, ma quali sono stati i fattori decisivi che secondo te hanno condotto le cose fino a questo punto? Anche perché tu non sei un britannico purosangue, tu sei prima italiano, poi cittadino britannico. Correggimi se sbaglio.

«Dimmi cosa mangi e ti dirò chi sei». Assolutamente, io sono italiano nel midollo e nel cibo. Se devo dire la verità c'è stata una concomitanza di fatti che – e né tu né io crediamo al caso – hanno permesso che le cose andassero in questo modo. Prendiamo per esempio la mia storia di questi ultimi anni, il mio impegno come imprenditore, le mie battaglie in politica, la nomina a Console della Repubblica di San Marino. Ognuna di queste cose, di queste tappe, ha un denominatore comune, una cifra stilistica, potremmo dire: la trama di rapporti, di storie, se vuoi, proprio di amicizia nel senso più nobile del termine, rapporti che passo dopo passo hanno costituito la vera ricchezza della mia vita.

Tipo?

Uno su tutti, poi sugli altri dettaglieremo meglio in seguito, quello con la Regina.

Con la Regina?

Sì, con la Regina. Vedi, dietro tutta questa vicenda dell'OBE c'è la sua mano, la sua volontà. Oppure Dio o, meglio, entrambi. Sua Maestà sarebbe stata d'accordo essendo stata molto religiosa e capo della Chiesa Anglicana. Sono convinto che Re Carlo III mi perdonerà per aver tirato in ballo la sua amabile madre. Punto.

Punto un corno. Non è che puoi fare un'affermazione così e poi dire «punto». Comprendo pure che tu sia stanco per la giornata, ma hai buttato là questa cosa e adesso pretendo che tu me la spieghi.

Penso che sia trattato di una felice combinazione di volontà, di Dio e della Regina. Con Sua Maestà Elisabetta II ho avuto un rapporto per me unico nel corso di questi anni, ci sono state diverse lettere tra noi – mi mostra un libro con la copertina di pelle – che testimoniano questo. Dalle lettere si vede proprio come, da uno scambio di saluti e di auguri, dapprima più formale, si sia passati nel tempo a messaggi più calorosi di personale felicitazione per certe occasioni, a biglietti nei quali la *Lady in waiting* della Regina stessa, di suo pugno ha vergato alcune righe con parole sue – lo vedo io stesso – dalle quali traspare affetto e grande attenzione.

Un fatto non comune, direi.

Un fatto che mostra una grande Regina e un grande gruppo di supporto al suo lavoro. Esatto.

Quindi, l'onorificenza ti arriva direttamente dalla Regina. Ci sono stati anche degli incontri tra voi?

Sì, è stata lei a volermela conferire. Ebbi l'occasione di incontrarla una volta all'In & Out Club, era in visita al Re di Norvegia ospite del club. In seguito avrebbe dovuto esserci anche un secondo incontro, ma eravamo in tempi di COVID e tutto era contingentato, posti ridotti per motivi di sicurezza sanitaria. Così, pur avendo la possibilità di quella seconda visita, decisi di cedere il mio posto ad altri per i quali, forse, quella sarebbe stata l'unica occasione di incontrare la propria sovrana. Le scrissi queste mie intenzioni in una lettera che Le inviai a motivazione della mia scelta, anche se così può suonare come un rifiuto, ma rifiuto non fu. Lei rimase impressionata dalla mia attenzione e generosità e me lo scrisse. Ritengo che anche questo abbia costituito un tassello importante di stima e un passo ulteriore verso il prestigioso riconoscimento di oggi. Quello che ormai ho appurato nel corso degli anni, è che troppo spesso la gente si immagina chissà quali segreti o disegni oscuri dietro ad alcuni fatti di rilevanza pubblica. Invece spesso è l'umana cortesia ed educazione, che combinate ottengono più di altre forze messe insieme.

Non vorrai farmi credere che in questo genere di cose non ci siano dei retroscena che vengono taciuti al pubblico...

Per carità, ci sono e sono elementi di intrighi ma non sono la normalità, o perlomeno non sono le uniche ragioni. Tante altre volte ce ne sono di apparentemente più semplici e genuine ma altrettanto decisive. Le istituzioni, di qualunque livello e natura esse siano, non hanno gambe, braccia, cuori ma le persone che ne ricoprono i ruoli, che le incarnano, sì. È il grande dramma, ma al tempo stesso la grande opportunità, attraverso cui possiamo passare, operare, per incidere sugli avvenimenti; cambiamenti, successi, fatti importanti avvengono sempre per la comunicazione tra le persone, dentro circostanze e forme necessarie, fatte di ruoli, funzioni, protocolli, ma da uomo a uomo, da donna a donna. E fondamentalmente, che tu sia l'ufficiale più alto in grado o il soldato delle retrovie, hai il desiderio che accada qualcosa di bene, che tu sia considerato innanzitutto come persona. Così che, quando incontri qualcuno che fa attenzione a te, te ne accorgi e lo riconosci come amico.

Torniamo ancora al momento della cerimonia, visto che non ero presente. Chi c'era con te?

Per citare qualcuno, al *Mansion House and Guild Hall* erano presenti il Console Generale Sig. Domenico Bellantone, il Sig. Paul Martinelli OBE, la Sig.ra Wendy Mead OBE. All'In & Out Club, invece: l'On. Sir John Hayes MP, L'On. Liam Fox MP, Lord Rami e Lady Renu Ranger, l'Ambasciatore Qirjako e Sig.ra Anxhela Qirko, Lord Howard Leigh, Sir George Holmes, la Baronessa Charlotte Vere, il Sig. Mike Chattey OBE, il Sig. Andrew Rosindell MP.

Sorprendente davvero, sia il fatto in sé, ma anche che tante persone di livello, oltre alla tua famiglia, fossero lì per festeggiare con te, segno di un percorso fatto in questi anni e che sono curioso di sapere da che punto inizia, se ti va di raccon-

tarmelo, anche se a quest'ora forse sarebbe meglio chiudere la giornata e lasciarti riposare.

E invece mi fa piacere parlarne, anche perché poi torni in Italia e non so quando ci rivedremo. Sei pronto?

Procedi pure.

Come sai, dopo essermi laureato sono entrato nell'azienda di famiglia. Inizialmente presso la sede dell'Hamilton Cable a Sheffield, nel bel mezzo dell'Inghilterra. Poi, dopo un po' che lavoravo lì, ho iniziato a comprendere, da quello che vedevo, che il futuro del nostro business non poteva rimanere confinato dentro i confini nazionali. Ormai il mondo ragionava in termini globali e se non volevamo vivere ai margini e subire una crisi che prima o poi sarebbe arrivata, avremmo dovuto confrontarci con i nostri *competitors* su scenari più ampi. Per farlo, però, non avremmo potuto continuare a operare avendo la sede centrale solo in Italia. Così ho deciso di trasferire il mio quartier generale nel Regno Unito, ritenendo che questo paese fosse per tutta una serie di ragioni, la piazza giusta da cui iniziare, sia con nuove linee produttive, sia come base da cui poi spostarci anche su altre piazze fuori dall'Europa. Nel primo periodo sono andato a Knowsley, vicino a Liverpool, dove abbiamo fondato un nostro stabilimento di produzione cavi. Permettimi una nota a margine. Oggi tanti mi chiedono: in un mondo in cui tutto è sempre più *wireless*, che senso ha un'azienda che produce cavi per connessioni fisiche? Beh, rispondo io, è vero che oggi i sistemi ragionano sempre più su tecnologie *wireless*, ma la corrente ai server chi gliela porta?

E così, con un esempio banale inizio a far capire di cosa stiamo parlando. Togli i vecchi cavi e salterà ogni tipo di connessione.

Perché Knowsley?

A Knowsley si trovava l'ultima fabbrica di cavi elettrici indipendente dell'Inghilterra, il proprietario Joy Rov, aveva deciso di mollare e Neil Ancell, il direttore, mi aveva avvisato; sembrava la cosa più semplice, una fabbrica già avviata per poter iniziare con personale educato e formato al lavoro. A ogni modo, per iniziare a lavorare quassù la prima condizione era parlare inglese. Io conoscevo l'inglese che si apprende alla scuola italiana, cioè non lo sapevo parlare – questo è uno dei primi problemi della nostra mancanza di competitività nel mondo. Quindi mi sono dovuto mettere a studiare come e più che da ragazzo, visto che nel frattempo dovevo anche lavorare. D'altronde, a determinare l'accettazione della fatica, a fartela vincere è sempre lo scopo: più lo scopo è alto, più sei disposto al sacrificio. Per poter affrontare le sfide che si presentavano già e che presto avrebbero bussato alla mia porta di cavista, decisi anche di continuare la mia formazione professionale. Mi sono iscritto in seguito, anno 2016, alla Cass Business School, oggi Bayes Business School, City, University of London, England, dove ho conseguito il *Master in Business Administration* (MBA). Solo per citare un paio di cose, secondo me, significative per comprendere come cambiare paese e iniziare un'attività qui da zero, abbia comportato una decisione e una volontà di affrontare il cambiamento con tutte le sfide implicate in esso.

Ce n'è una, inoltre, che conoscendoti non posso credere che non abbia avuto un peso specifico, il fatto, cioè, che dopo la laurea a Pisa ti eri anche sposato mettendo su famiglia. Questo deve aver certo avuto un peso nella scelta di fare il pendolare con il Regno Unito; avevi la bottega non proprio sotto casa. Te lo domando, permettimelo, perché voglio capire se è vero quello che si dice in genere sugli uomini d'affari, e cioè che o si fa carriera o si ha famiglia. È vero questo o le cose sono più complesse di come normalmente ce le immaginiamo?

Ho deciso di diventare pendolare per non esporre la mia famiglia a un ambiente troppo esclusivo. Volevo che le mie figlie crescessero con una forte identità italiana e con valori familiari tradizionali prima di affrontare lo stile di vita e le sfide di Londra e del mondo. Avevo il timore che crescere in un ambiente troppo elitario potesse distogliere le persone che amo di più dai valori che considero fondamentali. O si serve Dio, o si serve mammona, quindi Dio per primo. Poi il senso della famiglia, il rispetto delle tradizioni e l'apprezzamento per le semplici gioie della vita. Hai mai notato come le cose semplici e meno costose siano quelle che ci ricordiamo e che ci rendono felici? Andare in bicicletta con il proprio padre, la raccolta di lucciole d'estate. Londra è una città affascinante e ricca di opportunità, ma sa anche essere frenetica, competitiva, e volevo che le ragazze imparassero a navigare in questo ambiente senza perdere di vista le loro radici. Diventare pendolare significava sacrificare del tempo prezioso che avrei potuto trascorrere con la mia famiglia, ma era una scelta che facevo consapevolmente per il loro bene. Volevo essere presente nella loro crescita, trasmettere loro i valori che considero essenziali e offrire loro un'educazione che le preparasse ad affrontare il mondo con determinazione e umiltà. Inoltre, questo pendolarismo mi ha permesso di mantenere un legame con l'Italia, le mie radici, e di contribuire in modo significativo alla mia comunità locale. Anche se fisicamente distante, ho sempre cercato di essere un punto di riferimento per la mia famiglia, garantendo loro sostegno emotivo e affettivo. In definitiva, la mia scelta di fare avanti e indietro tra l'Italia e l'Inghilterra è stata motivata dall'amore e dalla preoccupazione per il benessere della mia famiglia, nonché dalla volontà di offrire loro le migliori opportunità possibili, senza però perdere di vista le radici e i valori che ci legano alla nostra cultura e alle nostre tradizioni italiane. Avevo già avuto un esempio in famiglia, mio padre lavorava a Catania, nel nostro stabilimento nel sud, da lunedì a venerdì, e il fine settimana con noi in Toscana; l'ha fatto allora e continua a farlo ancora oggi; dal 1989 a oggi, sono tanti anni. Aggiungo poi che i miei ripetuti spostamenti sono diventati anche un'opportunità preziosa per dedicarmi allo studio e all'apprendimento, momenti di crescita personale e professionale. Ho imparato a valorizzare ogni istante, sfruttando le ore trascorse tra un luogo e l'altro per ampliare le mie conoscenze e perfezionare le mie competenze. Ogni ora era preziosa e non poteva essere sprecata. È stato durante quel periodo che ho preso la mia seconda e terza laurea, un percorso che mi ha portato a diventare la persona che sono oggi. Ogni tappa del mio cammino è stata un'occasione per arricchirmi interiormente e per prepararmi ad affrontare le sfide future con determinazione e saggezza. La mia vita si è trasformata in un viaggio continuo, un percorso che mi ha condotto verso traguardi straordinari e riconoscimenti di prestigio.

E allora citami qualche passaggio significativo.

Tra le tappe più importanti posso annoverare l'ammissione come socio della Società dei *Leadership Fellow* presso la *St George's House* nel 2022 e il conferimento del titolo di Cavaliere Gran Ufficiale dell'Ordine di Sant'Agata (KGO-SA) nel 2022, un'onorificenza proveniente da San Marino, così come il titolo di Ufficiale dell'Ordine Glorioso dell'Impero Britannico (OBE) nel 2021 per i miei successi nel mondo degli affari. Nel corso di questo percorso, ho avuto l'onore di essere nominato Comandante dell'Ordine di Sant'Agata nel 2020 e di ricevere la *Freedom* della Città di Londra, cioè la possibilità di esercitare la professione nella *city* di Londra nello stesso anno, tutti riconoscimenti che testimoniano il mio impegno e il mio contributo per la società. Altri traguardi degni di nota includono il Premio della Regina per l'Impresa nell'Innovazione nel 2019 e il conferimento del titolo di Cavaliere della Repubblica Italiana OMRI nello stesso anno, per il mio impegno per l'innovazione e il mio legame con l'Italia. Inoltre, ho ricevuto riconoscimenti dall'IOD come Direttore dell'Anno nell'Innovazione e ho fatto parte di diverse associazioni e organizzazioni di rilievo nel mondo degli affari. Sul fronte accademico, ho conseguito titoli prestigiosi presso istituzioni rinomate come la Cambridge Judge Business School e la Bayes Business School presso la City, University of London, culminando con un master in Amministrazione aziendale nel 2016, Honorary PHD alla Greater Manchester University.

E sta funzionando il metodo di cui mi parlavi con le tue figlie?

Le mie figlie hanno sviluppato un amore profondo per l'Inghilterra, tanto da decidere di studiare qui. Questo nuovo capitolo della loro vita ha segnato la fine dei giorni da pendolare, ma non ha affievolito la mia passione per l'innovazione nel settore dell'educazione. Mentre le mie ragazze si immergono negli studi e nella vita britannica, io continuo a perseguire la mia vocazione con determinazione e fervore, consapevole che ogni sfida rappresenta un'opportunità di crescita e di successo. La mia storia è un incontro tra la tradizione italiana e l'eccellenza britannica, una sinfonia di esperienze e traguardi che continuano a plasmare il mio percorso con una melodia unica e avvincente.

Come convivono dentro di te questi due paesi?

Ti rispondo con una battuta: l'Italia è la mamma, l'Inghilterra mia moglie, non chiedermi chi amo di più. È un'attrazione antica che colpisce molti italiani. Marconi, per esempio, ne fu infatuato. La Marconi fu possibile solo in UK.

Tu però non ti sei limitato a fare l'imprenditore di un'importante azienda di cavi, ma hai anche intrapreso un percorso politico entrando nel Partito Conservatore Inglese, arrivando addirittura a fondare il British Italian Conservative, *il gruppo degli italiani residenti in UK all'interno del Partito Conservatore.*

Nel 2016 mi sono laureato alla Cass Business School, oggi Bayes University di cui sono diventato *Honorary*

Senior Visiting Fellow (professore associato in italiano). La laurea è stata la possibilità di essere rieducato, come ti ho spiegato. Nel 2008 comprammo la Nord West Cable. Il passo successivo fu il tentativo di acquisire la British Cable di Manchester, ma il secondo acquisto non andò a buon fine. E capii che c'era qualcuno che non gradiva una nostra presenza forte nel mercato inglese. Ecco, qui puoi dire che ci sono delle ombre dietro le tende che non si vedono e muovono le cose. Non siamo mai riusciti a penetrare il mercato delle telecomunicazioni inglesi, ogni tentativo è sempre naufragato. Nel caso dell'acquisizione della British Cable Factory, la British Telecom, ma sicuramente l'*establishment* più in generale. C'era qualcuno, cioè, che non voleva un nuovo *dominus* dei cavi in Inghilterra, che non voleva che la nostra famiglia diventasse il più importante produttore di cavi inglesi.

Questo come lo puoi provare?

La dimostrazione di questo te la fornisco con un aneddoto. Nel 2012 tentai di comprare la British Cable di Manchester che stava fallendo. La comprai la mattina del 14 giugno, lo ricordo bene perché era l'anniversario del mio matrimonio – e ricordo che mia moglie mi disse: «Tu non la comprerai mai e non mi trasferirò mai con i nostri figli a Manchester». Stavo tornando in Italia, gli avvocati avevano già inviato le firme; quindi, l'acquisto era perfezionato e mia moglie mi aveva appena giurato che non si sarebbe mai trasferita quassù con la famiglia. Mentre ero in volo verso l'Italia per celebrare l'anniversario del mio matrimonio portavo dentro di me questo peso enorme. Una volta atterrato mi fu detto che il vicepresidente della British Telecom mi voleva parlare. «Alle sette e mezzo di venerdì», pensai «è una cosa molto strana». Alzai il telefono e lui mi disse che la sua compagnia non avrebbe rinnovato il contratto di fornitura di cavi telefonici alla società di Manchester. Feci rapidamente i conti, significava il fallimento dell'azienda. Dopo un secondo di panico e un silenzio interminabile, almeno così mi sembrò, mi disse che avrebbero rilevato loro quell'azienda. Urlai «Grazie!». Da un lato in questo modo mi avevano fatto un regalo e io avrei potuto dire a mia moglie che avevo rinunciato per amore suo a quel grosso investimento a cui lei era contraria, e così feci – lui si mise a ridere dicendo mai nessuno a una notizia negativa mi aveva ringraziato e fatto ridere – dall'altro, però, vedevo anni di lavoro andati nel vento, perché qualcuno non voleva che ce la facessi. Mi resi conto che dovevo cambiare metodologia, dovevo cambiare strategia, ma soprattutto dovevo cambiare io. Dovevo migliorare la mia conoscenza del sistema inglese, non solo della lingua, elemento imprescindibile per essere riconosciuti come parte integrante di quella comunità, ma della cultura, dovevo entrare nel circuito e capire da dentro come funzionava. Io sono quel che si dice un *San Tommaso*, devo mettere il dito nella piaga, non per credere ma per capire. A volte ci si dimentica che San Tommaso non ha dubitato, infatti non ha rinnegato Cristo, ma per capire doveva fare l'esperienza diretta, e infatti Cristo dice beati coloro che crederanno senza dover fare l'esperienza diretta, ma per fede perché capiranno più velocemente e più cose. La conoscenza per fede, come don Giussani ci ha insegnato, è la forma più potente di conoscenza e la più usata nella quotidianità. Comunque, il mio inglese da immigrato di prima generazione non era più adeguato al contesto di cui volevo fare parte. E poi dovevo guardare le cose in maniera diversa, non più dall'esterno, ma dall'interno del sistema. È il motivo per cui decisi di ripartire, in un certo senso, dal primo gradino se volevo costruire il mio futuro, tornando sui banchi dell'università, e non di un'università qualsiasi, ma della prima università della *City* di Londra, la Cass Business School. Ripartire dal cuore finanziario della nazione. Ad agosto di quello stesso anno accadde poi che Lord Johnson, oggi Ministro delle Finanze, e suo suocero, Lord Hamilton, segretario di Margaret Thatcher, vennero a trovarmi in Toscana per trascorrere una bellissima giornata degustando vini nella fattoria dell'amico Michele Satta, a Castagneto Carducci. Questa sarà la cosa simpatica, anche successivamente, della nostra amicizia anche dentro il partito che porterà la gente a fidarsi di me fino a venire a bere con me, a godere a stare insieme nel tempo libero nella nostra Toscana. Quella giornata fu emblematica. Quando arrivarono ci recammo nella cantina. Mangiammo e bevemmo tutta la sera fino a diventare «allegri» e Michele facilitò il nostro stare insieme regalandoci una bellissima lezione sul vino, testimoniando la passione che lo muove nel suo essere imprenditore.

Bene, ma torniamo agli inizi, please.

Tutto era iniziato con il fatto che volevo capire perché non mi avessero concesso di comprare la British Cable di Manchester. È per questa domanda di comprensione che dentro l'università nacque un rapporto con questi amici e poi con altri, fino al punto che Conor mi introdusse un altro suo amico che era il professor Huday, il quale mi presentò Lord Feldman, che a sua volta mi presentò David Cameron, il Primo Ministro di Gran Bretagna. Con questa notazione: «Tu vuoi capire come funziona il sistema, vuoi capire il perché di certe dinamiche? Noi ti facciamo partecipare a una cosa importante che è la vita del partito di governo. Ti facciamo partecipare agli incontri, alle cene private» ed è quello che è successo fino ad oggi. Con Cameron in questi anni ho iniziato a partecipare a cene nelle quali membri del Governo, Segretari di Stato, Ministri degli Interni, il Primo Ministro stesso, il Cancelliere dello Scacchiere, siedono a un tavolo dove mangiando si parla della politica, di quali sono le sfide e il Primo Ministro, al centro della tavola, risponde alle domande che gli vengono rivolte parlando di politica, spiegando il suo operato. Ci sono questi momenti di incontro e di condivisione ai quali ho partecipato per dieci anni. Durante questi dieci anni di incontri con i membri del Partito Conservatore, quello che ho fatto è stato portare la mia esperienza, il mio suggerimento, la mia visione come contributo per la costruzione della politica industriale, con documenti scritti che emergeranno da queste cene e materiale che ho pubblicato, per esempio, su riviste. Ho pubblicato analisi dettagliate su politiche industriali, casi studio su implementazioni di successo e suggerimenti strategici per migliorare la competitività del settore su *ResearchGate*[1], oppure inviando documenti ai singoli Ministri competenti per aiutare il paese a comprendere ciò di cui l'industria, in particolare quella dei cavi, aveva bisogno. Ho evidenziato l'importanza delle tecnologie come FTTH

[1] https://www.researchgate.net/profile/Maurizio-Bragagni-Esq-Obe

(*Fibre to the Home*) e delle soluzioni proposte da Tratos per la connessione in fibra ottica. FTTH e FTTB (*Fibre to the Building*) forniscono la massima velocità di banda larga direttamente alle abitazioni e agli edifici, supportando vari sistemi di installazione dei cavi. Per ulteriori informazioni, puoi consultare Tratos FTTH. Per esempio, il rapporto Tratos *Britain's Broken Broadband* del 2018, evidenzia come la Gran Bretagna stia ancora ignorando le soluzioni al problema della banda larga lenta, con solo il 3% delle case che ha accesso a questa connessione rispetto al 79% della Spagna. Inoltre, ho sottolineato l'importanza del progetto *Safer Structures*[2], che mira a migliorare la sicurezza delle costruzioni per garantire abitazioni più sicure e sane. Puoi trovare ulteriori dettagli sul progetto *Safer Structures*[3]. Ciò di cui allora c'era urgente bisogno erano spazi, *cluster*, interventi pubblici, banche, cosa di cui il sistema paese in quel momento non disponeva. In questo modo il grande risultato che raggiunsi fu quello di portare al centro dell'attenzione della politica e del sistema economico britannico l'importanza dell'industria dei cavi.

Scusa, voglio fare il San Tommaso anch'io: fammi un esempio di uno di questi risultati che dici di aver conseguito.

Il Governo produsse un *tender*, cioè un fondo di stato per assegnare contributi per la produzione di cavi per la Gran Bretagna. La mia operazione paradossalmen-

[2] https://tratosgroup.com/products/telecommunication/optical-fibres/ftth/#:~:text=FTTH%20and%20FTTB%20provides%20the,for%20different%20cable%20installation%20systems

[3] https://www.saferstructures.org.uk

te ha avuto come effetto quello di favorire la presenza nel nostro mercato di riferimento anche di nostri concorrenti diretti. Posso dire senza timore di smentita di essere riuscito a comunicare questa esigenza del nostro sistema economico, per diventare una nazione volta alle rinnovabili e alle politiche *green*, per avere quindi *wind farm*, pale eoliche, campi fotovoltaici e tutto il resto, trasformando questa visione in azione politica e amministrativa. Una trasformazione in chiave di condivisione degli impianti sarebbe stata impossibile senza la produzione di cavi. Quindi la creazione del fondo di stato fu fondamentale, anche se in parte a discapito del nostro gruppo.

Non è questo un controsenso?

Nessuna contraddizione, come ti ho detto mi hanno invitato a dei tavoli e ho portato la mia esperienza di investitore in UK e le difficoltà che avevamo superato, cosa serviva per sostenere l'industria, e il mio interlocutore, cioè il Governo, dette seguito a quelle conversazioni. La cosa mi ha creato concorrenza, ma ho dato il mio contributo alla vita economica del paese. Questo è far politica per il bene degli altri, per questo mi hanno conferito l'OBE. Era l'unica via percorribile con la Brexit alle porte, perché l'unica salvezza sarebbe stata dare energia al settore della produzione interna. Non dimenticare che la bilancia commerciale del Regno Unito aveva un saldo negativo per quanto riguarda le esportazioni. Ecco, l'evidenza della mia impronta è rintracciabile nella creazione di questo fondo per la produzione di cavi e negli strumenti di sostegno alle imprese di produzione con finanziamenti a fondo perduto. Tutto è nato da quel momento nel quale decidemmo di investire in Inghilterra, di condividere nei tavoli politici la mia esperienza. Nel 2008 comprammo l'azienda, nel 2012 provammo a comprarne un'altra, e come è andata te l'ho detto poco fa. Sempre nel 2012 facemmo un altro investimento per ampliare l'azienda, comprendendo che erano necessarie delle politiche per attutire l'impatto della Brexit. Perché la Brexit ci sarebbe stata, questo era poco ma sicuro.

Come facevi a essere così sicuro che la Brexit si sarebbe affermata?

Lo capii leggendo il programma elettorale di David Cameron; lo chiamò referendum per uscire dall'Europa. Ebbi subito la netta sensazione che si sarebbe trattato di una sconfitta per chi voleva rimanere. Mi bastava osservare la mia circoscrizione di Liverpool: il 90% era composta di socialisti, la totalità di loro era per la Brexit, perché la comunità rurale inglese vive un forte senso di antagonismo nei confronti dell'immigrazione, sono convinti che gli immigrati vengano qua per rubare loro il lavoro, che in questi decenni abbiano distrutto lo stato sociale, che abbiano portato via la ricchezza, *tout court*.

Mi sembra che in questo gli inglesi si comportino all'opposto degli italiani. Da noi è la sinistra a spingere per non bloccare i flussi migratori. Come è possibile?

Il punto non è tanto destra o sinistra, ma in chi è al governo del paese. Chi è al governo viene sempre identificato con le scelte negative che ricadono sui cittadini. Per cui, visto che i governi dei nostri paesi sono in diretta relazione con le politiche dell'Unione Europea e sono i loro attuatori, ne consegue che il malcontento sia sempre verso il Governo, prima che verso questo o quel partito.

Scusa, ti ho interrotto, vai pure avanti con quello che mi stavi dicendo.
Inoltre, vedevo un'Europa che aveva perso il suo punto focale nella centralità della persona e nella pace per dare spazio alla burocrazia e che quindi gli Inglesi, più liberi di altri cittadini europei, avrebbero scelto di andare via. Non amano i burocrati, e in particolare che non siano *accountable* verso i cittadini.

Perché gli inglesi sarebbero più liberi di altri europei?

Per la coscienza di questa nazione che si è formata nel corso del tempo. Tieni presente che il Regno Unito e San Marino, del resto, sono gli unici due paesi in Europa che non hanno avuto la Rivoluzione Francese, perché Napoleone non li ha conquistati; infatti, non hanno un ordinamento di diritto civile ma di *common law*, basato quindi sulla tradizione. Ti ricordo che durante l'incoronazione il sovrano inglese viene ancora oggi unto come nella Bibbia viene raccontato che venivano unti i re di Gerusalemme, Saul, Davide, più di tremila anni fa, mentre negli altri stati dove ci sono le monarchie moderne post-napoleoniche, non si unge il re. Perché? Perché lì la tradizione di secoli è stata tagliata dalla ghigliottina, ma non in Inghilterra, che non ha avuto la ghigliottina, in quanto il generale Bonaparte, come lo chiamano qua, si è fermato a Waterloo. In aggiunta a ciò, né il Regno Unito, né la Repubblica di San

Marino, hanno subito l'occupazione nazista essendosi opposti fieramente a essa. Sanno quindi che per la pace occorre combattere, che la libertà non può essere diminuita, che non si può rinunciare a pezzi della propria libertà per la pace, perché prima o poi si perderanno entrambe, «Chi rinuncia alla libertà per raggiungere la sicurezza, non merita né la libertà né la sicurezza», Benjamin Franklin. Non solo, il fatto che entrambi abbiano vinto la loro battaglia contro il nazismo è la dimostrazione che al nemico si può resistere combattendo in ogni forma. Regno Unito e San Marino sono due paesi che non hanno l'ossessione della pace a tutti i costi, il che li rende maggiormente liberi di muoversi anche dinnanzi al pericolo o davanti alle richieste impossibili. Esempio, la guerra in Ucraina, entrambi i paesi hanno votato le sanzioni contro la Russia. L'evidenza che avrebbe vinto la Brexit era anche per la consapevolezza di una bugia latente sull'Europa. L'Europa è un progetto politico per gli Stati Uniti d'Europa, ma gli inglesi hanno venduto al loro popolo che l'UE è solo un mercato unico. Sbagliato: è sempre stato un progetto di uno stato federale. Un'Europa che ormai non sa più nemmeno lei cosa sia, se non un ibrido tra mercato comune e stato federale che incide troppo nella vita dei cittadini. Un'Europa distante e quindi inaccettabile per un inglese. Per questo, sapendo che la Brexit avrebbe vinto, iniziai il mio percorso per diventare cittadino britannico, un percorso che mi ha portato a frequentare il Partito Conservatore; un percorso per poter dire alle mie figlie: in questo momento di grande sconvolgimento io non mi sono sottratto ma ho fatto tutto quello che era in mio potere per influenzare le sorti del nostro paese adottivo e dire la mia, cercando di tenere insieme Regno Unito ed Europa. Ma per farlo dovevo essere britannico e così lo diventai.

Dei sigari ormai resta solo la cenere. Tra un racconto e l'altro ce ne siamo fumati un paio a testa. Anche ai vecchi tempi era così, ci lasciavamo andare alla conversazione e tutto filava che era una meraviglia. Stanotte poi ad accompagnare la fumata c'era una di quelle bottiglie speciali che il mio amico, Dio lo benedica, tiene sempre a portata di mano. Anche stavolta non è mancata la cortesia e, tra una domanda e una risposta, ha ripetutamente versato quell'ambra profumata nei bicchieri che al mio arrivo già aspettavano sul tavolo da fumo. Mi alzo e ci salutiamo.

Cosa mi hai fatto bere? Era buonissimo. Ti tratti bene, tu, come ai vecchi tempi.

Bevo solo il mio whisky e il mio gin. Vedo che non lo sai, ma ormai lo produco. Guarda l'etichetta, *5 Dame*, in onore di Sandra e delle mie figlie. È anche un dono molto apprezzato che faccio a personalità diciamo di un certo livello. Lui mi fa onore e io non faccio nulla per non renderglielo.

E questo anello così vistoso che porti insieme alla fede nuziale?

È l'anello di famiglia. Lo porto accanto alla fede nuziale come simbolo dell'unione tra fede e tradizione. Indossarli insieme rappresenta per me l'integrazione tra i valori familiari e l'impegno personale, un segno tangibile della continuità e dell'importanza delle radici e dei legami che attraversano il tempo. Lo stemma ci è stato donato con decreto reale di Carlo III.

* * *

Non so quanto presto ci potremo vedere ancora una volta. Non so nemmeno se sarà ancora qui in Inghilterra o nella nostra Toscana. Lui è visibilmente stanco, ma dalla faccia traspare la soddisfazione che arriva sul volto di chi ha vissuto una giornata gloriosa. Stanotte Maurizio ha ripercorso con me i suoi inizi nel Regno Unito. Altri incontri avevano preceduto questo nel corso degli ultimi anni. Appuntamenti avuti con lui talvolta nel suo ufficio, altre volte incontrandoci in aeroporto o in occasione di qualche mia puntata a Londra, presso il club di cui è socio dove sono venuto a trovarlo. Ogni volta mi ha messo a parte di pezzi significativi della sua avventura, pezzi che ho raccolto conversando con lui. Ho questo maledetto vizio che mi porta a intervistare anche gli amici più stretti. Sono tasselli che costituiscono il mosaico del suo percorso e della nostra amicizia, ormai cresciuta da quella di due ragazzi poco più che ventenni all'università e che si rinnova col passare del tempo in un modo imprevisto.

Fuori il taxi attende lungo il marciapiede. La pioggia che ho lasciato entrando nel palazzo la ritrovo ancora ad aspettarmi, fitta, ma non violenta. Fa piacere, rinfresca la testa piena di pensieri e gli abiti che odorano di Toscano. Andrò in hotel, vista l'ora tarda. Domattina alle otto mi attende il volo per l'Italia.

Solo i codardi chiedono al mattino della battaglia il calcolo delle probabilità; i forti e i costanti non sogliono chiedere quanto fortemente né quanto a lungo, abbiano da combattere, ma come e dove, e non hanno bisogno se non di sapere per quale via e per quale scopo, e sperano dopo, e si adoperano, e combattono, e soffrono così, fino alla fine della giornata, lasciando a Dio gli adempimenti.

Cesare Balbo

Il giorno della battaglia

18 Febbraio 2018. Un messaggio WhatsApp di un vecchio amico: «Ho bisogno di parlarti». Non ci sentiamo da anni. Lo richiamo appena salgo in auto uscendo dal lavoro, senza aspettare di giungere a casa. Mi comunica che Maurizio corre per il Senato come rappresentante degli italiani all'estero, circoscrizione Europa. Ma «non vuole perdere l'anima» mi dice, «così ha chiesto che un gruppo di amici lo raggiunga la notte dello scrutinio per stare con lui e per fare da rappresentanti di lista ai vari seggi che verranno allestiti vicino a Roma». Non ci penso su due volte, dico di sì – penso di non aver nemmeno capito per quale partito corra – e mi ritrovo imbarcato in questa avventura. Lo faccio senza riserve, perché Maurizio è mio amico, e se un amico ti chiede aiuto, non puoi dirgli di no. Nel caso contrario si tratterebbe di vigliaccheria. E poi la frase di Francesco mi ha stupito. «Maurizio non vuole perdere l'anima». Cosa avrà voluto dire?

4 marzo, nei pressi di Roma. Maurizio ha stabilito qui il suo quartier generale. All'arrivo ritrovo tante facce con le quali ho vissuto avventure bellissime durante gli anni dell'università. Con tanti di loro, quasi tutti,

non ci vediamo da almeno quindici anni, tutti sparsi per il mondo, forse l'unico che si è allontanato di meno sono io. Basta uno sguardo e la distanza del tempo e dello spazio è polverizzata. Maurizio è in forma smagliante, nella sua eleganza molto *british*, come di consueto, dotato addirittura di bastone da passeggio. È esattamente come l'ultima volta che ci siamo visti, o forse è la lente dell'affetto che ci unisce che non permette di notare i segni del tempo che ormai entrambi portiamo addosso: al saldo finale, qualche capello in meno, qualche chilo in più. Prima che il pullman che ha prenotato per gli spostamenti ci conduca nei capannoni dove avverrà lo spoglio delle schede, ci troviamo insieme nella sala incontri dell'hotel per ricevere le informazioni necessarie su quello che sarà il nostro compito durante le prossime ore. Niente più niente meno che verificare che le operazioni si svolgano in modo trasparente secondo il rispetto di quanto previsto dalla legge. Si chiama democrazia. Maurizio, emozionato, ci congeda ringraziandoci e ricordandoci il compito alto a cui ognuno di noi è chiamato. Ci guardiamo intorno e ci sentiamo una squadra d'assalto dei reparti speciali. E invece siamo delle persone che non si vedono da vent'anni. Ma è bastata un'occhiata. Che l'educazione ricevuta all'università si sia riaccesa e il gruppo sia rinato è già qualcosa di miracoloso.

Castelnuovo di Porto, Roma, 5 marzo 2018. Prime luci dell'alba. Insieme agli altri amici sono a bordo del pullman che ci riporta al quartier generale. Alla sede della Protezione Civile dove sono stati scrutinati una parte dei seggi per le schede elettorali del voto dei cittadini all'estero abbiamo finito il nostro lavoro. Spostandomi nel corso della notte in cerca di caffè per i capannoni dove sono stati allestiti i seggi, non ho potuto fare a meno di notare che molti di essi non sono stati scrutinati, vuoi per la mancanza di presidenti, vuoi per mancanza di scrutatori; così come mi ha colpito l'approssimazione con la quale venivano svolte le procedure di spoglio anche laddove lo spoglio c'è stato. È un dato che mi ha particolarmente impressionato, balle e balle contenenti schede elettorali da scrutinare rimaste chiuse tutto il tempo che sono stato lì.

Una delle notti più lunghe per Maurizio e per gli amici che con lui hanno condiviso questo pezzo di strada sta per essere inghiottita dai primi raggi che vengono a riaccendere il giorno dopo la pioggia che dodici ore fa era venuta a berselo col buio. Le cose, da quello che ho potuto vedere, non promettono bene, ma la stanchezza, i troppi caffè bevuti in quella ressa di persone che affollavano i punti di ristoro all'interno dei capannoni, potrebbe a questo punto alterare ogni impressione. Ce lo diciamo – sperando che sia così – con Domenico, con il quale a orari cadenzati ci siamo dati appuntamento nel piazzale fuori dagli hangar per commentare l'andamento, per metterci in contatto con la base.

La sagoma dell'hotel ci viene incontro. Nel pullman, facce stanche. Scendiamo e a passo veloce ci dirigiamo all'ingresso attraversando la *hall* che conduce alla sala allestita a ponte di comando. Maurizio è lì che aspetta il nostro ritorno. Sorride ma si capisce che le cose non volgono al meglio. La sala è animata da chi riporta i dati dei seggi ancora in fase di scrutinio, da chi commenta a caldo, da chi segue concitato sugli schermi i risultati nazionali. Tutti, comunque, chi più chi meno, siamo ormai al limite delle forze per l'energia buttata là dove doveva andare. Alle 7.00 decido di ritirarmi nella camera che mi è stata riservata. Prima di lasciare la sala, però, Maurizio mi fa cenno. Sa che ancora domani sarò a Roma e vorrebbe che parlassimo un po' prima che me ne vada via. Acconsento e ringrazio per la notte di lotta che mi ha regalato; vada come vada, il nostro l'abbiamo fatto, spero.

Non sono riuscito a dormire, non per mancanza di comfort dell'ottima camera che mi ha riservato, ma per la tensione ancora alta. A colazione lo trovo al tavolo che parla con due persone che non conosco. Parlano in inglese, gente di Londra, immagino.

«Fai pure colazione con calma, ti aspetto nella *hall*, magari facciamo due passi fuori, ho bisogno di prendere aria», mi dice mentre passa accanto al mio tavolo.

Finisco con lentezza la seconda tazza di caffè, faccio un salto in camera e mi porto al luogo dell'appuntamento.

Sono le dieci del mattino, ma immancabile come a ogni nostro incontro, il sigaro fa da piacevole terzo incomodo. Ci avviamo lungo la strada, dirige lui, conosce il posto essendo arrivato qui un giorno prima di me. Lo lascio fare.

Sembra rilassato, il che mi sorprende visto che come ho intuito dall'espressione di Enrico, incrociato uscendo dall'ascensore, le cose stanno andando decisamente male. Cerco di mascherare la preoccupazione, temendo un verdetto troppo duro

Spiegami per favore la novità di questo bastone da passeggio. Addosso a te fa uno strano effetto.

Uso il bastone da passeggio principalmente perché mi aiuta a camminare, ma apprezzo anche la tradizione che rappresenta. Un accessorio funzionale, con una lunga storia nella cultura del gentiluomo, simbolo di eleganza e compostezza. Questo mi permette di unire utilità e stile, continuando una tradizione con un tocco personale. Noto tra l'altro che le persone tendono a essere più gentili quando ti vedono con un bastone: da un lato, pensano che tu possa avere difficoltà, dall'altro, forse temono che tu possa usarlo in caso di necessità! A Londra e in campagna lo uso per ragioni diverse, ma in entrambi i contesti mi dà equilibrio e sicurezza.

Come stanno andando le cose?

Sembra che stiamo perdendo – il tono della voce è calmo e misurato –. Stiamo perdendo, ma abbiamo salvato l'anima, e alla fine quello solo conta.

(Annuisco facendo cenno che sto comprendendo, ma le parole tradiscono l'incertezza).

Ok, ma se la lotta non è stata per la vittoria, allora perché siamo qui?

Abbiamo fatto del nostro meglio. Come sai le cose non sono tutte in mano nostra. Quello che conta è che ci stiamo battendo fino alla fine, e solo alla fine si tireranno le somme per quello in cui crediamo. Ma abbiamo combattuto la nostra battaglia e salvato l'anima.

(Ci fermiamo davanti a una panchina nel parco che corre su un lato del parcheggio. Ci sediamo).

Scusa, ma sono qui per questa tua frase. Spiegati meglio.

Vedi Alessandro, quando ho iniziato questa avventura l'ho fatto per dire alle mie figlie che ho fatto quello che andava fatto.

Quando Francesco mi ha chiamato venti giorni fa per dirmi di questa cosa del rappresentante di lista mi ha fatto piacere, ma mi ha anche sorpreso molto. Mi dici chi te l'ha fatto fare di buttarti dentro a un'avventura come questa? Sei pazzo? Voglio dire, non penso che ti manchino le beghe e le soddisfazioni con il lavoro che fai in azienda, o che tu abbia tempo da buttare così in giro avendo una famiglia numerosa. La notizia che ti eri candidato al Senato mi ha colto di sorpresa.

Tanto hai detto che non rientri subito a Grosseto, quindi possiamo stare ancora insieme. Sarò un po' lungo, ma spero che ti aiuti a capire. Per farlo mi riferirò a due momenti della vita politica, inglese e italiana, che mi hanno visto impegnato nel sostenere le ragioni delle quali sono ancora profondamente convinto. Così, anche se un momento di inizio vero e proprio in questi casi è sempre difficile da stabilire, dirò per comodità che tutto ha avuto inizio quando in Gran Bretagna si è affacciata l'ipotesi della Brexit, nel 2014. Sin da subito ho avuto l'impressione che per come essa veniva presentata, per lo scenario prospettato in caso di vittoria del «sì», le cose sarebbero state funeste.

Non capisco ancora bene cosa c'entri questo con l'Italia.

Tempo al tempo, ci arriveremo. A elaborare la strategia con cui David Cameron, all'epoca Primo Ministro, ha portato avanti questo tema così spinoso, a cui lui peraltro era contrario, c'era Jim Messina, stratega e politico americano. Per intenderci, stiamo parlando dell'uomo che ha pensato, pianificato e guidato con successo la campagna elettorale per la presidenza Obama, quindi un numero uno nel suo campo. Lo conobbi a una delle cene del partito, e per quella campagna elettorale dei Democratici americani gli va dato atto che seppe interpretare ed esprimere una visione lucida, determinata, vincente. Il problema è che le formule vanno bene sempre sulla carta, raramente nella realtà, e se un modello è risultato vincente oltre oceano, non è detto che lo stesso modello funzioni qui in Europa, soprattutto se il tipo di competizione è differente. Siamo troppo diversi e non tenere conto di questo è sicuramente stato il primo passo falso di Cameron. Cosa è successo, infatti, con la campagna sulla Brexit? Che non si è stati in grado di leggere nel particolare il contesto che animava il Regno Unito. Di più: si è trasformata una lotta politica estera, in un plebiscito pro o contro il Primo Ministro in carica. Così, vincendo i *brexitier* e avendo Cameron appoggiato il partito del «no», pur avendo voluto convocare il referendum, nel 2016, alla proclamazione del risultato delle urne, è stato costretto a dimettersi. E la Gran Bretagna ha iniziato una delle fasi più pericolose e delicate della sua storia.

Messina ha, secondo te, commesso degli errori tattici, dunque.

Sì, qui veniamo al secondo caso. Quando nello stesso anno del voto per la Brexit Matteo Renzi, Presidente del Consiglio in carica, ha proposto il referendum costituzionale per la riforma del Senato e ha scelto come stratega per quella battaglia lo stesso Jim Messina. La cosa mi ha ovviamente allarmato, perché temevo – come poi è accaduto – che anche in questo caso la tattica sarebbe stata quella di trasformare in un «a favore» o «contro» del presidente, una battaglia che era invece di natura costituzionale. Una riforma – sai come la penso – assolutamente di buon senso, perché il sistema italiano è troppo ingessato: pur sovrabbondando di leggi, non riesce mai a legiferare nei tempi consoni a un reale sviluppo del Paese. Inutile che stia qui a dirti l'esito di quella campagna referendaria: proposta bocciata, Matteo Renzi a casa.

Ok, questi sono i fatti che sono noti. Tu però mi hai detto che in entrambi i casi sei stato impegnato in prima linea. In che modo?

In entrambi i casi, insieme ad alcuni amici, ho messo in piedi dei comitati a sostegno, nel caso del Regno Unito, del *remain*, nel caso dell'Italia, del «sì». La situazione ci era chiara, non potevamo rimanere con le mani in mano.

Qui la cosa si fa molto interessante, vai avanti.

Come sai, per il referendum sulla Brexit sostenemmo il *remain* e Cameron; poi, perso il referendum, creammo con alcuni amici una società per aiutare i figli degli europei a fare la domanda per applicare *YouStayUK*, sviluppando un software che registrammo presso il Ministero degli Interni. Quelli del ministero ce ne furono così grati che ci copiarono il software e procedettero da soli. Nota, lo creai con gli amici dell'MBA Tim e Costa. Abbiamo fondato *YouStayUK* per aiutare i cittadini dell'area economica europea a rimanere nel Regno Unito tramite un test online e un modulo di domanda personalizzato. Il sito, lanciato nell'estate del 2017, offre una piattaforma di consulenza che guida gli utenti attraverso la compilazione della domanda, garantendo accuratezza e riducendo il rischio di rigetti. La nostra iniziativa è stata riconosciuta anche nel programma *Dispatches* di Channel 4 per la sua efficacia nel semplificare il processo di applicazione.

Come mai la tua posizione fu sin da subito ferma sul fatto che il Regno Unito sarebbe dovuto rimanere all'interno del perimetro della Comunità Europea?

Vedi, nelle aziende c'è un elemento fondamentale, determinante, per la loro sopravvivenza e prosperità: la resilienza. Un'azienda deve essere resiliente, deve cioè essere in grado di sopravvivere ai cambiamenti e adeguarsi. Questo è il segreto per andare avanti, un segreto antico. Ma mentre per un'azienda ciò è comprensibile, perché non si può fermare il vento, se c'è una crisi internazionale quella crisi non la si può fermare, una persona che si trovi di fronte a una crisi che riguarda la democrazia si sente impotente e particolarmente sfidata. Questo è quello che è successo nel 2016 quando ho visto che stava per arrivare il vento del populismo con il referendum della Brexit – e poi con il referendum costituzionale per la conferma della riforma costituzionale in Italia presentata dal PD e ne parleremo a breve. Grazie al mio coinvolgimento diretto nel Partito Conservatore, ero nel frattempo diventato membro del *Leader Group*, il gruppo che sostiene il leader del partito e il Primo Ministro. In questo modo avevo la possibilità di partecipare a tutte le riunioni con i membri del partito e del Governo. Durante una di queste riunioni ci venne presentato Jim Messina, il guru che aveva guidato la campagna elettorale di Cameron trasformando quel referendum sull'Europa in un referendum su Cameron, quindi una campagna elettorale all'americana. Dicevo, durante uno di questi incontri ebbi la certezza che invece avremmo perso, capii che era proprio sbagliato quel tipo di approccio, i numeri e le modalità di azione. Dunque, era errato il metodo Jim Messina, perché non teneva conto della differenza del tipo di elezione e della differenza della sensibilità della società civile in contesti molto differenti culturalmente e politicamente. Una campagna pro o contro un politico può andare bene se c'è una battaglia uno contro uno, come infatti accade nelle elezioni americane, ma non può certo essere la formula corretta laddove la sfida avviene tra due principi costituzionali o di assetto della nazione, perché se identifichi una delle due parti con la persona che in quel momento sta guidando il paese, è inevitabile che se le sue ragioni dovessero perdere, quel politico non avrebbe altra possibilità che andare a casa all'istante, interrompendo quindi anche la stabilità politica e liquidando, magari per sempre, la propria credibilità. Oltretutto, sembrava evidente che all'epoca non si comprendesse nemmeno il sentimento della popolazione, fortemente arrabbiato dopo anni di soprusi e malfunzionamenti da parte della Comunità Europea. Il 25 Aprile 2016 iniziammo l'attività del comitato *#iovotosì* registrando *hashtag* e profili social. È rimasto ancora in piedi il profilo su Facebook. Redigemmo lo statuto del partito politico e realizzammo il sito http://siperitalia.it/. Registrammo anche moltissimi altri siti tra i quali quello del Partito Conservatore Italiano. Per il Partito dei Conservatori Italiani mi ero ispirato come logo alla *gimel* della lingua ebraica che somiglia alla *silhouette* dell'Italia e ha un significato profondo, un richiamo all'uomo ricco che corre dietro a un uomo povero per fargli la carità, simbolo nel nostro caso di un paese che deve ricordare il suo passato di povertà e il suo presente di ricchezza per continuare a godere e condividere – in futuro – di un benessere diffuso. Inoltre, la *gimel* con accanto il motto «Sì per l'Italia» era circondata dalle stelle dell'Europa, perché non esiste un'Italia fuori dall'Europa. Il tutto richiamando i colori della bandiera europea e il giallo che è il colore del manto della Madonna. Come sappiamo, i primi grandi dell'Europa erano tutti cristiani e osservanti, e quando negli anni successivi si è trattato di pensare la bandiera, visto il tipo di cultura atea e laicista ormai dilagante, per non andare in rotta di collisione trovarono soluzioni alternative simboliche come il pesce, molto significativo per i primi cristiani, così come la corona delle dodici stelle gialle che nell'iconografia cristiana rappresenta la madonna ed è anche il simbolo dell'Europa.

E il referendum su Renzi?

Quando nell'aprile del 2017 scopro che Jim Messina è stato incaricato anche da Renzi di guidare la campagna referendaria per la riforma del Senato, capisco che avremmo perso anche quella battaglia, perché – lo ripeto – era improntata a un approccio che si era rivelato sbagliato già in passato per quel tipo di votazione: non puoi trasformare un referendum su una specifica questione, complicata, come la riforma costituzionale, in un referendum pro o contro chi lo propone. Inizio quindi con un gruppo di persone una campagna in supporto del referendum per cambiare il nostro paese, formando un comitato di sostegno al «sì». Partendo dal principio di Thomas Jefferson, grande costituente americano, secondo cui lo stato deve limitare la sua presenza al minimo, perché i cittadini, sanno meglio di lui come spendere i propri soldi. Lo stato si limiti a garantire la libertà del cittadino e a difenderlo in caso ciò si renda necessario, punto. È lo stato a essere al servizio del cittadino, non il contrario. Con questa idea chiara nella testa comprendo che serve questa mossa politica del referendum ad abbattere una burocrazia che invece continua a imbrigliare in misura sempre maggiore ogni tentativo della società dal basso. L'idea di semplificare il sistema dell'alternanza e di continuo ricatto in tema di formazione delle leggi tra Senato e

Camera incarna questa ingessatura. Un sistema che non aveva e purtroppo ancora non ha senso in una repubblica che necessita invece di forte senso di responsabilità delle persone che devono rispondere di quello che fanno senza nascondersi, viste le sfide che siamo chiamati ad affrontare. Per questo motivo, dunque, lancio con alcuni amici una campagna che si chiama *#iovotosì*, bruciando addirittura sui tempi tutta la campagna del Centro Sinistra e di Renzi, tanto è vero che loro dovranno creare un altro *hashtag*, *#bastaunsì*. In questo mi fu chiesto aiuto da Marcello Pera, ex presidente del Senato e io accettai organizzando per lui un incontro con la comunità italiana all'estero a novembre del 2016. Lo invitai poi al *party* dei Conservatori per farlo incontrare con il Primo Ministro Theresa May, il 28 novembre. A questo incontro, tra l'altro, erano presenti anche Boris Johnson allora Ministro degli Esteri e Lord Philip Hammond, Cancelliere dello Scacchiere. Iniziamo così questa campagna di *#liberisì* di cui io sono stato il promotore in Inghilterra fino ad arrivare poi a combattere la battaglia per il mio paese.

E siamo arrivati al tempo presente con il tuo impegno nella campagna elettorale per le elezioni politiche in Italia. Ho bisogno però, se hai ancora un po' di tempo, che tu mi spieghi come è nato il tuo impegno all'interno del Partito Conservatore inglese, perché ammetterai che si tratta di un'esperienza non comune per un italiano che si trasferisce per lavoro all'estero trovarsi all'interno di contesti come quelli che frequenti tu, diventando un personaggio autorevole nella politica del paese ospitante. Un paese del quale, peraltro, hai anche preso la cittadinanza.

Sì, te lo racconto, anche perché questo aiuta a comprendere la traiettoria del percorso fatto fino a questa notte, fino a questa conversazione che stiamo avendo su questa panchina. È giusto provare a ricomporre i pezzi del mosaico. Anche qui, più che mille ragionamenti, mi vengono in aiuto alcuni fatti che ritengo significativi e indicativi del mio modo di agire di fronte a certe provocazioni che arrivano a volte nella vita.

Nel 2016 si tiene, come di consueto in un club nel *Countryside*, il *Summer Party*, l'evento del Partito Conservatore nel corso del quale i leader e i *donors* si ritrovano insieme per ascoltare dalle parole il Primo Ministro qual è il programma e la visione sul futuro del paese. In quell'occasione partecipo insieme a tutta la mia famiglia. È una serata importante, David Cameron aveva annunciato che si sarebbe dimesso in conseguenza del risultato del referendum e che quindi sarebbe iniziata la *leadership contestation*, il programma, cioè, per nominare un nuovo presidente del partito. Durante quella serata incontro Lord Andrew Feldman, CEO del partito, e gli chiedo cosa, secondo lui, avrei dovuto fare. Essendo da poco entrato nel partito non conoscevo ancora tutte le anime che lo componevano. Lui mi dice che, se avessi voluto stabilità avrei dovuto scegliere Theresa May, se avessi voluto vincere le elezioni, Boris Johnson, essendo in quel momento il candidato favorito rappresentando l'ala interna del partito che aveva appena vinto il referendum sulla Brexit. Decido per Theresa May. Glielo dico, faccio la foto con lei con tutta la mia famiglia e così, da quel momento, diventiamo ufficialmente e pubblicamente suoi sostenitori. Ma la cosa curiosa della serata te la racconto ora. Decidiamo di lasciare la cena dopo il momento chiamato *Toast* della Regina, senza fermarci per la fine dell'evento. Quindi, verso le 10.30 chiamo la macchina e ci mettiamo fuori in attesa che venga a prenderci. Mentre siamo lì che aspettiamo l'auto, la televisione riprende John Heyes, Michael Gove, anche loro se ne stavano andando prima del termine della serata, e me che parliamo. La televisione manderà nei giorni successivi anche il servizio sulla rete nazionale, servizio che poi verrà rimosso perché si trattava di immagini private e quindi non potevano essere trasmesse. A ogni modo, per qualche giorno le immagini vanno in onda: la mia famiglia e Michael Gove che si salutano, ma il giornale lo riporta come un complotto.

Cosa c'è di tanto significativo in questo, così da poter essere interpretato in modo sbagliato?

Il fatto che Michael Gove, uno dei personaggi politici che insieme a Boris Johnson ha contribuito alla vittoria della Brexit, in contrasto con Johnson, il giorno successivo si candida spaccando il fronte dei *brexitier* interno al partito. Quindi, per questa sequenza casuale di immagini nelle quali io, *remainer* sostenitore della May, parlo con Gove e Heyes fuori dal club, passo per essere un personaggio che trama nell'ombra, il Giulio Andreotti del Regno Unito. Non devi infatti fare a meno di notare che quella frattura dentro il gruppo di *brexitier* creata dalla candidatura a sorpresa di Gove, determinerà la vittoria di Theresa nella *leadership contestation*, consentendole in questo modo di diventare Primo Ministro. Tutti i giornali parlavano di complotto di Gove con questo misterioso personaggio e da quel momento in poi diventerò un osservato speciale, tanto che negli anni successivi tutti i giornali mi riporteranno come il grande donatore e grande Belzebù della politica britannica, ripeto, diventerò *il Giulio* inglese.

Però alla fine Theresa May ha vinto, dalle nostre parti si dice che «a pensare male si fa peccato, ma si indovina quasi sempre...».

Bravo, citare Giulio ti fa onore, ma ricordati: *quasi* sempre, non sempre, non in questo caso. La nostra scelta che sembrava essere quella più sbagliata diventava la scelta vincente. Da quel momento sono entrato a far parte del *Leader Group* e continuo oggi a farne parte. Il criterio che ha sempre guidato le mie decisioni è stato ed è questo: sostenere chi aveva voluto e sostenuto David Cameron, cioè chi aveva comunque fatto parte, seppure con dei dubbi, della squadra. Io non potevo e non potrò mai accettare chi pugnala alle spalle gli altri.

Questa tua grande lealtà potrebbe però costare anche cara. Non mi faccio illusioni che questi principi siano i principi guida di chiunque, o mi sbaglio?

Questo sarà infatti il grande errore, usiamo pure questo termine, che commetterò in occasione anche delle *leadership contestation* successive: non ho scelto Boris Johnson perché aveva buttato giù Cameron. È una questione di onestà, di etica dei rapporti e, diciamolo pure, di amicizia. È per questo che Theresa, dopo le elezioni, con il suo ruolo di Primo Ministro accetterà di diventare Cavaliere dell'Ordine di San Marino e continuerà a spendere tempo per me e per le mie iniziative, perché quello che nasce in questi casi è un'amicizia, anche se nell'immaginario comune, e soprattutto in ciò che si vuole far passare come racconto delle cose, sembra una cosa impossibile.

Non capisco: se all'epoca non scegliesti Boris Johnson, come è possibile che sia nato un rapporto di grande stima anche con lui?

Evidentemente ha apprezzato l'onestà. Immagino che all'epoca abbia compreso, lui *brexitier*, io *remainer*, che non avrei potuto sostenerlo, che politicamente era giusto che facesse quello che doveva fare e che io facessi altrettanto, che non mi sarei mosso per un'ideologia politica ma per un'amicizia.

E la decisione di candidarti per il Senato della nostra Repubblica come è maturata?

A un certo punto, nel 2017, mi viene anche chiesto un impegno politico che inizia con il lavoro per la Camera di Commercio e dell'Industria di Londra della quale divento vice presidente, avendo l'opportunità di promuovere e partecipare a incontri sempre più importanti di promozione della mia azienda, perseguendo l'obiettivo di portare avanti una certa idea di industrializzazione del paese. Un percorso che passa attraverso il mio rapporto con Michael Gove, allora Segretario di Stato per lo Sviluppo e l'Ambiente, con Theresa May, Primo Ministro, con Sali Javi, all'epoca Ministro degli Interni, con il mio amico Mustafa. Ancora, grazie ai miei rapporti con Sir Johnson Smith, ambasciatore d'Italia, e ad alcune mie apparizioni pubbliche come la mia intervista alla BBC come esperto di cavi che racconta quello che sta succedendo nel settore dell'industria dei cavi. Così come l'intervista internazionale *Io supporto Theresa May* che rilascio alla tv cinese. È in questo contesto di crescita della mia esposizione e del mio impegno pubblico come uomo d'affari e uomo che fa parte dell'ambiente politico dei Conservatori che vengo contattato dall'amica Gabriella Carlucci che mi propone di candidarmi come rappresentante degli italiani all'estero per il Senato con l'Unione di Centro. Nel frattempo, continuo la mia attività di vice presidente della Camera di Commercio incontrando le altre Camere; come vice presidente del PEMA partecipando ai *board* dove affronto i temi dell'educazione e dell'importanza dell'industrializzazione o in varie conferenze e continuo, naturalmente, la promozione della mia *charity*, Esharelife. Al punto tale, fatto simpatico che ti voglio dire, che per celebrare il rapporto con mia moglie, quello con il mio grande mentore, il dott. Notti e sua moglie, la mia amicizia con Domenico e con altri amici, con mio padre e la mia famiglia, faccio stampare per questi eventi dei francobolli per commemorare tutta una serie di tappe e per ringraziare tutti coloro che mi stanno al fianco contribuendo a questi successi. A dicembre 2017 lancio la mia campagna elettorale *Bragagni al Senato*. Questa avventura nasce proprio su quello che ti ho appena detto e mi porta in giro in diversi paesi fino alla notte appena passata, fino a questo scrutinio. Per raccontarti, però, un fatto che, ripensandoci, posso dire che abbia giocato un ruolo decisivo, pur in tempi lontani, ma tale da rendermi pronto a mettermi in gioco nel momento in cui mi è stata proposta la candidatura, devo tornare al 2014 e al mio incontro con Nick Clegg.

Tre anni sono certamente un tempo lungo se pensiamo ai cicli politici attuali. Cosa ti segnò in quell'occasione tanto da portartelo dietro per così tanto tempo?

Proprio l'incontro con Clegg, e pensa che stiamo parlando del *deputy* Primo Ministro del Regno Unito dell'epoca appartenente al partito Liberal Democratico.

Dove lo incontrasti?

Venne in visita presso il nostro stabilimento di Knowsley, Merseyside, il 10 aprile di quell'anno. La sua visita avvenne in seguito all'assegnazione di un finanziamento del Fondo per la Crescita Regionale (RGF) a Tratos, per vedere come il fondo stesse contribuendo a riequilibrare l'economia.

Ebbi in tal modo l'occasione di discutere con Clegg riguardo alla nostra azienda, al processo produttivo e ai nostri piani futuri nel Regno Unito.

Deve essere stato un incontro significativo, specialmente considerando l'impegno del governo britannico nel sostenere il settore industriale.

Esattamente. La visita di Clegg fu un segno tangibile dell'interesse del Governo nei confronti delle imprese locali e del loro ruolo nell'economia britannica.

Beh, del resto anche voi otteneste un importante finanziamento per espandere le vostre operazioni, un rapporto di reciproco interesse.

Sì, è stato un momento cruciale per la nostra strategia aziendale. Quel finanziamento ha contribuito significativamente alla modernizzazione e all'espansione delle nostre operazioni, e ci ha permesso di consolidare il nostro futuro qui nel Regno Unito.

Ma cosa c'entra tutto questo con la tua candidatura?

Quando Clegg mi chiese perché stessi investendo nel Regno Unito e io risposi che l'Europa sembrava persa, mi colpì la sua replica: «Non si abbandona mai il proprio paese di origine». Queste parole mi hanno fatto riflettere a lungo sul mio senso di appartenenza e sul dovere di intervenire a difesa dei valori che rappresentano la mia patria. Quelle parole mi hanno dato il coraggio di candidarmi, nonostante fossimo – e queste ore sembrano confermarlo – destinati alla sconfitta. Così quando mi è stato chiesto di fare la mia parte per evitare che i populisti prendessero il sopravvento, anche se le prospettive non erano rosee, non mi sono potuto, né ho voluto, sottrarmi.

Ostinati e sperando contro ogni speranza.

Proprio così. Non possiamo permettere che il populismo e l'ignoranza prevalgano. Dobbiamo lottare per difendere ciò in cui crediamo, anche se la strada è difficile.

Non sappiamo ancora cosa ci riserveranno le prossime ore, i prossimi giorni. Se in questo momento volessi fermare alcune impressioni a caldo su come si è svolta la campagna elettorale, tra soddisfazioni e fatiche inevitabili, e non penso che siano mancate, cosa ti verrebbe in mente?

Una delle cose più difficili della campagna elettorale è stata andare in giro per l'Europa. Poi ti direi, e questo è un punto di unione tra la campagna per il referendum per il Senato e la campagna elettorale, il vedere l'agire politico di alcuni personaggi politici. Prendi per esempio il presidente Marcello Pera. Durante quella cena che organizzai in Inghilterra per il referendum c'erano personaggi dell'Italia di Londra, e tale momento fu pensato per stare insieme e parlare, confrontandoci con l'ex Presidente del Senato su quale fosse la situazione reale, le prospettive per il nostro paese in funzione anche della riforma proposta. Il presidente parlava del futuro dell'Italia, del suo tentativo di essere vicino a Renzi e alla sua riforma – Matteo Renzi era in quel momento quasi un idolo nel paese, stava vincendo anche se di lì a poco avrebbe perso. Lì ho compreso che non sarei mai stato un grande politico, perché ero entrato nell'agone non per sopravvivere, ma per sfidare un vento che da solo non avrei potuto fermare. Non potevo fermarlo eppure avrei dovuto fare qualcosa per la mia coscienza, per mia moglie, per le mie figlie, per poter rispondere un domani alla domanda: «quando il pericolo si è manifestato, tu cosa hai fatto?». Poter rispondere a fronte alta: «ho combattuto. Perso, ma combattuto».

Quindi il partito politico Conservatori Italiani è finito?
(Maurizio mi guarda, accende un altro sigaro e sorride)

Beh, è tardi! Questa la lasciamo per un'altra volta, anche perché non posso dirti tutto. Ti lascio e ti dico che ho capito che non lo posso fare io, ma serve qualcuno che sia già dentro e sposi l'idea, anzi copi l'idea e la faccia sua, che quasi la rubi, solo così può funzionare, e forse ho un'idea. Non posso dirti di più, devo vedere una persona nelle prossime settimane e poi ti dirò.

Ormai hai acceso il sigaro, quindi almeno finisci il pensiero. So che non mi dirai chi incontrerai, ti conosco da troppo per sapere che, se dici non posso, non puoi, ma almeno dimmi perché non puoi essere tu a fare un partito?

Non sono uno della casta. Anzi sono uno che viene accusato di essere della casta, per assunzione di colpevolezza in quanto provengo da una famiglia di industriali, presumono che sia massone, solo perché vengo da Arezzo, che sia collegato a forze importanti del paese, ma la verità, tu e io la sappiamo: non appartengo alla casta. Non sono massone ma vengo da Arezzo, e la mia famiglia l'industria l'ha creata da zero. Mi chiamano il Berluschino, ma non ho mai avuto connessioni con Silvio. Sono cresciuto fuori dal paese, ho speso una vita a lavorare fuori dal paese. Io in Italia sono uno sconosciuto. Serve una persona che faccia della politica la propria vita. Non si può entrare in politica come ho cercato di fare io dalla porta e dire «eccomi qui». Non funziona così. Serve un pesce che sia già nello stagno, che conosca i fondali e le acque torbide. Volevo lanciare il Partito Conservatore Italiano «PCI», faceva anche ridere il nuovo «PCI», ma per fare una cosa così serve un popolo che non c'è e un'organizzazione politica che non esiste, o almeno non è la nostra. Per un progetto così serve qualcuno che sia già stato eletto, ma che abbia bisogno di riscatto e di un futuro, e forse ce l'ho. Almeno ho in mente chi potrebbe essere. Verifico e poi ti dirò.

* * *

Guardo l'orologio, manca poco alle dodici. Maurizio vuole rientrare in hotel per fare il punto con il suo staff. Mi chiede se voglio trattenermi a pranzo con lui e gli altri amici. Resterei volentieri, perché le prossime ore si annunciano calde, vitali e forse piene di sorprese. Devo però declinare il suo invito per rientrare a casa. Ci salutiamo cordialmente, come accade ogni volta che ci congediamo. Prima di lasciarmi, Maurizio, non smentendo se stesso nemmeno in un momento così delicato della sua vita, mi omaggia di una scatola dei nostri sigari preferiti. «Così nei prossimi giorni, fumando davanti ai risultati elettorali e ai dibattiti televisivi, ripenserai a queste ore passate insieme per una causa nobile. Vada come vada, non è mai l'esito ad avere l'ultima parola sulle cose, siamo certi che niente di quanto abbiamo fatto andrà in fumo».

Non mi fermo né al primo, né al secondo, né al terzo ostacolo, perché... come dice quell'antico detto della provincia di Chiavari? «Chi si ferma è perduto!»

Totò nel film *Chi si ferma è perduto* del 1960, diretto da Sergio Corbucci, in cui interpreta il ragionier Antonio Guardalavecchia.

Il mondo si ferma

Al n. 4 di St James Square, nel cuore di Londra, si trova l'In & Out, il club militare e navale di cui è membro Maurizio. Molto cortesemente, cogliendo in me il desiderio di visitare questa prestigiosa istituzione, desiderio che gli espressi nel corso di una delle nostre ultime telefonate, mi ha invitato ad andarlo a trovare per farmelo visitare e approfittare così per passare nuovamente del tempo insieme. Ammetto che per chi non fa parte di quel mondo, entrare all'In & Out ha un sapore particolare. Si percepisce in quelle stanze una forte nota identitaria, di eleganza, di conservazione e rispetto di certe forme. Del resto, non è un caso che questo sia possibile in un paese come l'Inghilterra, nel quale la monarchia ha ancora un valore profondo. In Italia tendiamo a etichettare certe forme, istituzioni e consuetudini come anacronistiche. Ma non dobbiamo dimenticare che quella inglese è una monarchia del tutto differente da altre.

Così eccomi qua, in completo scuro e scarpe nere, come richiesto; in questo luogo si entra solo con un certo codice di abbigliamento. Quando scendo dal taxi, Maurizio è all'ingresso che mi aspetta, al centro delle due colonne bianche che riportano inciso il nome del club incorniciando l'entrata. Mi ha chiesto di arrivare per cena. Varcato l'ingresso di quel mondo, consegnato il cappotto al personale, ci dirigiamo verso la sala ristorante.

Stiamo uscendo dall'emergenza della pandemia da COVID-19. In questi mesi mi sono spesso domandato per uno come il mio amico cosa abbia significato affrontare una sfida che ha consegnato ognuno all'immobilismo più totale. Mi sono detto, però, che uno come lui difficilmente sarebbe rimasto fermo: o la resa o una battaglia ancora più decisa. Sono qui per verificare se la risposta che mi sono dato corrisponde a quello che è successo a lui.

Me lo sono sempre immaginato diverso, e ora che ci sono mi piace ancora di più. E poi ti ci vedo bene, in questo In & Out.

Beh, sai, il club è casa mia. Quando sono a Londra vivo qui, perché è qui che torno nel tardo pomeriggio ed è qui che passo la notte. In una stanza di dieci metri quadrati con bagno. Come vedi la mia vita è quasi francescana, se consideri che, a parte il vizio, che poi vizio non è, dei sigari, non amo altre distrazioni o lussi. Abito in un club militare.

Ecco, questo aspetto mi mancava, pensavo che qui a Londra tu avessi una casa, di tua proprietà o in affitto, ma che abitassi da solo.

Certo, abbiamo un appartamento qui a Londra, ma frequentando le mie figlie la *Boarding School*, Sandra poi preferisce la campagna, invece di restare solo in appartamento e rischiare di non mangiare, preferisco vivere qui. E poi te lo devo dire: mi piace la compagnia militare. Vedi il tavolo nel ristorante che si chiama *the Goat*, è il tavolo del club. Tu arrivi, ti siedi e sicuramente qualcun altro si siederà accanto a te; così cenerai chiacchierando con qualcuno, un modo diverso per socializzare e per non essere solo. Tra l'altro è un modo molto piacevole – a tavola tutto è più bello – per incontrare persone interessanti con cui condividere la serata.

(Siamo nella sala ristorante. Veniamo fatti accomodare al tavolo).

Una volta mi dicesti che stare qui ti permette un tipo di vita simile a quella che conducono i monaci. Strano cercare una forma simile per uno che potrebbe avere ben altri agi.

Da solo sei esposto al mondo, e il mondo prende il sopravvento. L'uomo non è fatto per stare solo; sin dalla preistoria gli uomini nascono liberi e uguali, ma dalla notte dei tempi vivono in comunità. Si tratta di un elemento di grande realismo. Non avendo qui la mia famiglia, scelgo anche io di vivere in una comunità.

Veniamo a noi, come vanno le cose? Stiamo finalmente uscendo da un periodo che dire difficoltoso è dire poco. Tante volte mi sono chiesto, nei mesi in cui eravamo nel pieno della pandemia, dove fossi e come tu stessi vivendo quel momento. Perché è chiaro che chi ha come te una vita pubblica, fatta di impegni istituzionali e imprenditoriali in giro per il mondo, deve aver accusato il colpo per certi aspetti in misura maggiore di altri, o no?

C'è un film di Totò, *Totò e i Tre Gemelli,* il personaggio del monarchico interpretato da Totò, sindaco del paese, dice: «Se casca il mondo, io vado dritto per la mia strada». Ebbene questo non esiste, «se casca il mondo» si casca tutti con lui. «Siamo tutti figli dello stesso fato sotto questo cielo», come dicono i miei amici in Cina. Tutti noi abbiamo accusato il colpo. Come si è fermato il mondo mi sono dovuto fermare anche io, talvolta invece siamo portati a pensare il contrario: se mi fermo io si ferma anche il mondo.

Da questo punto di vista sembra che la pandemia ci abbia rimesso a posto rispetto alla nostra pretesa di essere i fautori della realtà, anche se lo ha fatto in maniera molto dolorosa.

Esatto, infatti quello che si è verificato in questi anni è proprio il contrario di quello che spesso pensiamo noi: si ferma il mondo, mi fermo anche io. Così nel 2020 non ho potuto continuare a fare tutto quello che avrei voluto fare e quello che sono riuscito a fare è stato fatto secondo modalità fino a quel momento impensabili. Il 20 settembre 2019 avevo ricevuto il *Queen's Award*, il premio conferito dalla Regina per i meriti imprenditoriali; quindi, pochi mesi dopo la sconfitta elettorale, il 13 novembre dello stesso anno sono diventato Console della Repubblica di San Marino. Ci sono poi state le elezioni qui in Inghilterra l'11 dicembre 2019 nelle quali ha vinto Boris Johnson e poi eccoci all'inizio del 2020, febbraio 2020, quando stavo iniziando la mia attività come Console di San Marino, con la prima riunione ufficiale dell'ambasciatore presso il Regno Unito, e il 23 febbraio il punto di rottura: inizia il *lockdown*. Mi trovo come tutti improvvisamente bloccato a casa. Da quel momento inizio a fare incontri ma in una modalità diversa da come ero abituato, da come tutti noi eravamo abituati.

(Il cameriere prende l'ordine. Io seguo il consiglio del mio amico che ordina le specialità della casa: salmone e roastbeef con patate. Il tutto da accompagnare con dello Chablis e del Pomerol).

Avevi fiutato che qualcosa di grosso fosse in arrivo, visto che frequenti la Cina o nemmeno tu avevi previsto?

Vado in Cina a novembre e quando da loro esplode la malattia, gli amici cinesi mi dicono: qui stanno morendo le persone, la cosa è seria. Così, già da febbraio implementiamo nelle nostre sedi lo *smartworking*, anche contro i sindacati e chi non capiva, ma è stato solo l'anticipare quello che si sarebbe reso tragicamente evidente nel giro di poche settimane.

Questo periodo ci ha fatto fare un passo avanti da questo punto di vista e alcune cose rimarranno come eredità, forse anche positiva. Azzardo: non tutto il male vien per nuocere?

Prendi per esempio le riunioni online. Mi ritrovo come tutti a parlare da casa mia, a mostrarmi dalla mia abitazione, con dietro quell'importante dipinto ebraico, quello che vedi quando facciamo le nostre conversazioni via Zoom, che ritrae un padre che benedice un figlio. Questa immagine mi ricordava molto il momento difficile per il paese e per tutti. Questo dipinto mi dava forza e speranza, incosciente se vuoi in quel periodo, per affrontare una situazione difficile che comunque avremmo superato.

In effetti in quel momento eravamo tutti quasi dentro una grande euforia, un auto incitamento continuo dai balconi, dai manifesti appesi, dagli slogan alle analisi nei talk e nei tg. Poi si è rivelato uno dei periodi più traumatici e venirne fuori non è stato, e per certi aspetti continua a non essere, uno scherzo.

Già, e infatti in quei giorni anche io ho dovuto cimentarmi con un ritmo di vita nuovo, fatto di messaggi ai miei contatti sparsi per il mondo e al tempo stesso, più si restringevano gli spazi, più si dilatava il tempo da spendere con mia moglie e le mie figlie, giocando a scacchi giganti in giardino, godendomi i bellissimi tramonti della nostra vallata, che ammiravo e ammiro ogni volta di più. Con le mie figlie abbiamo fatto corsi di pittura *en plein air*, per dirtene una. Un'occasione per stare insieme con loro in libertà, come se fosse una grande vacanza. I compleanni in casa, per esempio, che non sempre mi sono possibili per ragioni di lavoro, e, ciò nonostante, la ricerca comunque di una vita scandita da ritmi precisi, cercando di fare quello che potevo con la cadenza di alcuni appuntamenti fissi settimanali, continuando a sostenere tutte le nostre attività e i nostri amici in giro per il mondo. Per raccogliere fondi per Esharelife, la nostra fondazione, per esempio, abbiamo inventato la competizione tra me, con il vogatore in giardino in Toscana, e Domenico che della fondazione è vice presidente con il *tapis roulant* da casa sua in Sardegna. Una sana e benefica competizione tra amici. Le mie figlie mi hanno aiutato nella realizzazione dei video. Sono poi continuate le premiazioni, ho ricevuto un premio dalla Cina per la nostra attività e ho celebrato la cosa facendomi i video e le foto con la felpa della Tratos e con il piatto cinese. Poi la sera abbiamo festeggiato con la birra – cinese anche quella – insieme alla mia famiglia in omaggio a quel paese. Incontri a tutto campo: lavorativo, di beneficenza, di amicizia. Uno sforzo continuo per provare a costruire e garantire una sorta di normalità.

Per uno che vive la maggior parte dell'anno tra aerei, hotel e aziende è una bella riduzione di spazi. Non hai avuto l'impressione di trovarti in prigione?

Se devo dire, è stata una delle cose belle, passami l'aggettivo *belle,* continuare a lavorare avendo le mie comodità, la mia camera, il mio bagno, aspetti che, viaggiando da una vita per lavoro non sapevo nemmeno più come fossero fatti. Anche il mio alloggio a Londra, qui al club è costituito da una stanza di 4 metri per 4 con bagno, e so che quando morirò avrò ancora meno spazio – per fortuna sono già abituato. La mia vita è sempre stata andare in giro, stare con la gente, in mezzo alla gente, che è un grande privilegio, ma non è mai stata uno sfarzo, al contrario di quanto possa apparire dall'esterno.

Ci sono stati anche dei vantaggi dal punto di vista operativo per il tuo lavoro o ciò ha rappresentato solo un problema?

Per alcune cose la vita si è semplificata: potendo adesso muovermi per il mondo attraverso lo schermo del telefono durante le *conference call,* questo mi consentiva di avere dei momenti per riposarmi, cosa che quando viaggio di norma non ho, perché ci sono gli spostamenti, cose da vedere e persone da incontrare in posti diversi.

Sì, ma da un punto di vista dell'organizzazione aziendale e della produzione?

C'era il problema di tenere in collegamento gli stabilimenti, le sedi, le persone. In questo senso è stata una fatica enorme perché abbiamo dovuto fare sforzi inimmaginabili, era tutto nuovo. Per esempio, i *takeover* che facevamo nei porti in presenza adesso li dovevamo fare da remoto via telecamera, con un operatore sul posto che trasmetteva alle nostre sedi le immagini. Tutto molto difficile, ma è grazie a questo tipo di sistemi e di tecnologie se abbiamo potuto continuare a operare. Tenere in collegamento tutte le parti e tutte le persone, non era necessario solamente per rispondere a esigenze di tipo funzionale: è stato fondamentale anche per non fare sentire sole le nostre persone.

Cosa facevi per realizzare tutto questo, non penso certo a sedute dallo psicologo. Intendo dire, era un trovarsi legato solo al lavoro o riuscivi a creare anche altre occasioni di incontro?

Il venerdì era il giorno in cui, fumando e bevendo una birra, invitavo le persone a collegarsi e i clienti a passare del tempo insieme; in tanti casi magari bevevamo vino parlando e condividendo le difficoltà presenti e come potevamo provare a superarle. Delle conversazioni preziose, fatte anche di timori, di problematiche che si manifestavano man mano che i mesi passavano, di visioni con cui ognuno pensava di affrontare il problema. È stato un modo per costruire e rinsaldare la mia rete di rapporti in una forma inedita.

E per quanto riguarda il tuo rapporto con il Regno Unito in quel periodo?

Intanto in quei mesi ho vissuto sia in Italia che in Inghilterra; quindi un minimo di spostamento ho continuato a farlo. Comunque è un rapporto che non solo non si è minimamente allentato, pur nella distanza, perché tutto era più distante, per certi aspetti come ti ho detto si è addirittura rafforzato. Guarda queste foto, avevo messo in giardino le bandiere inglesi, come a dire: sono qui, una parte di me è lassù e una parte dell'Inghilterra è in Italia con me.

Come avete potuto continuare a lavorare se quasi tutte le attività erano interdette all'operatività?

Sin dal primo istante ho intuito che la cosa più importante era essere presenti con le nostre persone, far capire loro cosa potevano o non potevano fare in sicurezza per mantenere il più possibile aperta la produzione e il commercio. Dovevamo dimostrare che continuare a lavorare non fosse un pericolo. In più occasioni ho lanciato dei messaggi ringraziando il nostro personale che lavorava in Tratos. Intanto via social ci arrivavano messaggi di persone che ci accusavano di essere degli sciacalli, degli assassini. Non capivano che, da un lato tutto era in sicurezza, perché nei nostri stabilimenti abbiamo una persona ogni 500 metri quadrati, quindi un distanziamento maggiore di quello che veniva imposto, con grandi sistemi di aerazione; dall'altro perché noi, producendo per le società di energia, la difesa militare, le compagnie telefoniche, non potevamo fermarci. Siamo parte della strategia aziendale mondiale.

Senza il nostro settore si fermerebbe tutto, comprese le connessioni che ci hanno permesso in quei mesi di sopravvivere umanamente, psicologicamente, logisticamente ed economicamente. Abbiamo però ricevuto molta resistenza da parte dei sindacati; i quali, forse non tutti sanno che maturano delle percentuali sulla cassa integrazione, anche su quella straordinaria, e quindi avevano un diretto interesse particolare a che le persone non andassero al lavoro. Quindi, anche se il nostro codice ATECO non era ufficialmente tra quelli in deroga, ciò non ci ha impedito di appellarci al prefetto, il quale ha riconosciuto la nostra essenzialità all'interno di filiere che invece avevano l'obbligo di continuare a essere operative. Chi ci è stato contro, ti faccio notare, sono stati quelli che nella maggioranza dei casi, poi, non si sono nemmeno voluti vaccinare. Io e la mia famiglia inizialmente siamo tornati in Italia nella nostra casa di campagna, ma io ho continuato a lavorare sull'Inghilterra e sull'estero. Mio padre, mio zio e i miei cugini invece hanno gestito maggiormente la situazione dell'attività in Italia. Pensa che, quando in Inghilterra abbiamo mandato la gente a lavorare dotandoli di mascherine, guanti, igienizzanti, sopprimendo tutti i luoghi e gli spazi comuni, abbiamo avuto, oltre alle solite resistenze, anche denunce da parte delle autorità. Denunce che poi, una volta arrivate in tribunale, sono cadute perché nel frattempo quelle misure che in Italia erano già vigenti, erano state adottate anche dal Regno Unito. Noi siamo stati i primi a implementarle.

Mi interessa sapere anche un'altra cosa, perché ho avuto modo di partecipare alla visione su YouTube. Con Esharelife, la tua charity, *hai realizzato proprio per il Natale 2020 un grande concerto di beneficenza nel corso del quale sono intervenute personalità di altissimo livello, uno per tutti Jeremy Hunt. Come ti è venuta in mente l'idea e come avete potuto realizzare il tutto da remoto?*

Il concerto è stata un'idea di Domenico Aiello, il nostro vicepresidente, che ha coinvolto Benedetto Chieffo, figlio di Claudio Chieffo, cantautore italiano scomparso dieci anni fa, il quale voleva lanciare il disco del padre ma stava avendo alcuni problemi legati ai diritti d'autore. Così ho detto a Domenico: possiamo provare a dare una mano a Benedetto per la produzione. Abbiamo così scritto come Esharelife una lettera ai detentori del diritto d'autore spiegando che avremmo voluto produrre il cd e che il ricavato delle vendite sarebbe stato interamente devoluto a sostegno della missione AVSI in Kenya, dove sosteniamo una scuola che da anni si prende cura dell'educazione di migliaia di studenti. Ci sono stati concessi i diritti. A un certo punto a Domenico viene l'idea di organizzare un concerto di Natale per promuovere il cd e contestualmente fare così la raccolta fondi per AVSI Kenya. Abbiamo messo su questo concerto, interamente registrato, ma pensandolo come se fosse in diretta, secondo l'idea che ebbe Berlusconi all'inizio delle sue tv commerciali. Io e Domenico abbiamo condotto l'evento presentando i gruppi e dialogando con gli ospiti che di volta in volta intervenivano con messaggi e saluti a supporto del progetto. Uno spettacolo che è durato tre ore e mezzo, tanti sono gli ospiti intervenuti, segno di una rete di amicizie che nel momento del bisogno ha detto sì, presenti, ci siamo. Anche perché era chiaro che la partecipazione sarebbe stata gratuita e che l'intero ricavato sarebbe andato a vantaggio dei nostri bambini della missione africana.

Cosa trattieni come contenuto essenziale di questo evento?

L'evidenza che si sia trattato di un miracolo della notte di Natale, tanto che abbiamo raccolto più di quanto ogni altro nostro evento avesse raccolto prima di allora dal vivo. Certamente grazie alla solidarietà e al coinvolgimento da parte di tutti. Ennesimo segno che nel tempo sono stati costruiti rapporti veri, e che la gente sa, come nel caso delle mascherine per San Marino, che se la chiamo a implicarsi in un progetto è per qualcosa di importante, che ogni esperienza di questo tipo diventa un'esperienza di novità anche per loro così come lo è per me, un meravigliarsi per qualcosa che emerge ed eccede ogni nostra capacità. L'emergere di qualcosa che esiste e che è più grande di tutti noi, un'esperienza nella quale, facendo del bene, riceviamo del bene. Nella nostra storia di Comunione e Liberazione questo lo chiamiamo miracolo e sappiamo che accade per la presenza di Cristo e della Chiesa.

...mascherine per San Marino, a cosa ti riferisci?

Quando è iniziata la pandemia, ero stato nominato da pochi mesi console a Londra di quella piccola ma straordinaria Repubblica. In virtù dei miei rapporti con la Cina mi sono fatto mandare 20.000 mascherine gratis; se ti ricordi in quel momento trovare mascherine era quasi impossibile. 10.000 le spedisco alla Repubblica di San Marino. Ma poiché San Marino è fuori dall'Europa, la legge prevedeva il divieto di far uscire presidi sanitari all'esterno della Comunità Europea. San Marino, questo è l'assurdo, che è vero che non fa parte dell'UE ma è territorialmente incastonato nell'Italia, non poteva ricevere le mascherine. Come se il virus tenesse conto della geografia politica. Così, queste mascherine sono state sequestrate alla dogana. A quel punto ho deciso di muovermi anche fisicamente in prima persona e, con l'aiuto di alcuni amici come Luba e un aereo privato, da Londra sono atterrato all'aeroporto di Rimini. Lì mi sono venuti a prendere da San Marino con l'auto di stato e ho portato la mia valigia contenente 10.000 mascherine dentro la Repubblica. Essendo un diplomatico l'ho potuto fare. Ma una cosa simile, anche se non riguardava uno stato estero, è accaduta con il porto di Genova, da cui sono stato contattato: «mancano le mascherine FFP2 e le persone non possono lavorare» e un porto non può essere fermato, mai, in nessun caso. E così con tanti nostri clienti, verso altri porti, laddove mancavano le mascherine gliele abbiamo procurate noi. Senza guardare al costo, alla spesa, ma donate, gratuitamente. In quel momento c'era una chiamata in più rispetto all'ordinario, una vocazione, e per me la vita è tutta una chiamata.

Cosa ti ha impressionato maggiormente?

La solidarietà ricevuta. Nel caso di San Marino avevo mandato un *tweet* e Jeremy Hunt, il quale mi ha richiamato e mi ha chiesto come potesse aiutarmi, ha poi rilanciato lui stesso il messaggio dal suo account: «*Former Foreign Secretary Jeremy Hunt highlighted their plight on his Twitter account saying: "As we worry about Italy, do not forget tiny San Marino, the oldest republic in the world, right in the middle of the N Italian red zone & with the highest infection rate in the world"»*[1]. Ovviamente tutto questo è stato ripreso dal *The Sun* e dagli altri *tabloid* e la cosa ha scosso l'opinione pubblica europea al punto tale che è iniziato ad arrivare l'aiuto anche da parte di altri paesi, come il Kuwait, per sostenere la piccola Repubblica di San Marino. Un mio *tweet*, un rilancio di Hunt e poi di Theresa May. Una solidarietà che è nata per una conoscenza e per rapporti di fiducia costruiti negli anni. Per rapporti di amicizia. Per un miracolo d'amore.

Se non sbaglio, questa tua operazione verso San Marino ti è anche valsa un riconoscimento importante.

Sì, sono stato nominato Cavaliere Grande Ufficiale di Sant'Agata. Sant'Agata è la Santa, insieme a San Marino, patrona della Repubblica. Sant'Agata è stata proclamata compatrona perché il 5 febbraio 1740, giorno della festa della Santa, la Repubblica di San Marino si liberò da una delle rare ingerenze esterne, quella del cardinale Alberoni. I sammarinesi decisero quindi di affidare la protezione della Repubblica a Sant'Agata, confidando che, avendoli liberati una volta dal dominio esterno, li avrebbe protetti anche in futuro.

Maurizio, quello che è successo è qualcosa che non ha avuto precedenti per le nostre ultime generazioni, perché le epidemie in realtà ci sono sempre state. Non è nemmeno escluso, anche

[1] L'ex ministro degli Esteri Jeremy Hunt ha sottolineato la loro difficile situazione sul suo account Twitter dicendo: "Mentre ci preoccupiamo per l'Italia, non dimentichiamo la piccola San Marino, la più antica repubblica del mondo, proprio nel mezzo della zona rossa dell'Italia settentrionale e con il più alto tasso di infezione al mondo.

se nessuno se lo augura, che in futuro non si possano verificare ancora eventi di questo tipo. Se ti chiedessi cosa si è mostrato come ricchezza dentro la tempesta, come punto di ancoraggio a cui d'ora in poi guarderai come un tesoro da custodire, come la roccia su cui poter ricostruire, cosa mi risponderesti?

L'importanza del valore dei rapporti, in un'altra parola: la fiducia. Tutte le cose di cui abbiamo parlato fin qui hanno a che fare con la fiducia, sia nel bene che nel male. Pensa al fatto che Jeremy Hunt e Theresa May abbiano deciso di spendersi per San Marino; pensa a tutti quei clienti e fornitori che si sono incaricati di aiutarci inviando mascherine e presidi sanitari; pensa a coloro che si sono rivolti a noi e hanno trovato risposta; pensa a quelli che si sono impegnati gratuitamente nel concerto di Natale; pensa ai clienti e amici con i quali abbiamo trascorso ore insieme «fuori dal lavoro» per non abbandonarci alla solitudine; pensa al rapporto con mia moglie, con le mie figlie che si sono prese cura di me e io di loro durante quei lunghi giorni. Senza la fiducia il mondo non procede, perché senza fiducia non ci sono rapporti, relazioni autentiche in grado di costruire uno spazio di umanità genuina che permette di vivere in modo migliore la vita.

四海之内皆兄弟
(Sì hǎi zhī nèi jiē xiōng dì)

Entro i quattro mari,
tutti sono fratelli.

Antico detto cinese documentato nei classici della letteratura cinese, come nel *Lunyu* o *I Dialoghi di Confucio*, dove viene spesso citato per promuovere l'idea di armonia e fratellanza universale.

COP26

È un po' che non vedo Maurizio. Prima di partire dall'Italia gli ho scritto per avvisarlo del mio arrivo in città. Mi ha pregato di raggiungerlo presso i suoi uffici. A novembre ha partecipato alla COP26 di Glasgow, la conferenza delle Nazioni Unite che si svolge annualmente tra i Capi di Stato per condividere le loro visioni sull'ambiente e tentare di elaborare punti di indirizzo per politiche comuni, il che non è detto che riesca sempre. Stavolta, però, da quello che sono riuscito a seguire attraverso i media, l'appuntamento mi è parso particolarmente interessante. Oltre che per il tema, che è sempre più decisivo per la vita di popoli e nazioni, per il fatto che in questo summit che si è svolto in Scozia, Maurizio è stato direttamente coinvolto. Non è da tutti avere amici così dentro luoghi decisionali così elevati, il che, se non sei un fesso, mette voglia di toccare ancora più con mano le notizie vere, i retroscena di quanto accaduto, i fatti che i media decidono di farti vedere, sempre in maniera parziale e che andrebbero sempre letti in modo più esaustivo raccogliendo le versioni di chi era presente. Così che, quando si dovesse scoprire qualcosa di interessante e di utile, si ha anche la responsabilità di comunicarlo. L'ultima volta che ci siamo sentiti ci è stato possibile stare al telefono per una lunga conversazione. Sono passati ormai un paio di mesi da quella chiacchierata, ed era prima che il summit avesse luogo. Maurizio mi raccontò che per l'edizione di Glasgow si stava impegnando in prima persona. In che senso, domandai io. Mi parlò della costruzione di un percorso politico istituzionale che stava portando a una doppia presidenza Regno Unito - Italia. Di più, in quel momento non mi disse, ma giurò che una volta che tutto fosse finito, mi avrebbe raccontato cose molto interessanti, quelle che non sempre emergono dalle cronache e che invece stanno come pietre angolari dietro ogni grande appuntamento storico, proprio come le pietre angolari delle case, a cui occhi inesperti non fanno caso, eppure stanno lì e danno una mano a reggere la struttura.

Alle cinque del pomeriggio Londra è ancora bagnata per la debole pioggia che da questa mattina, imperterrita batte i suoi palazzi, le sue vie, i suoi abitanti. Sono arrivato con l'aereo stamattina; il tempo di prendere la camera in hotel, farmi un giro in centro e mangiare da Brutto, il ristorante italiano che mi ha consigliato Maurizio che si trova al n. 35 di Green Hill Rents. Poi mi sono goduto una lunga passeggiata fino alla sede della società del mio amico. Le strade, intanto, si preparano alla sera accogliendo la luce artificiale che, piano piano, quasi impercettibile, dà il cambio di guardia a quella del giorno filtrando dalle vetrine e dai lampioni. L'edificio dove ha sede l'ufficio di Maurizio è una palazzina elegante dall'architettura moderna. Difficile trovare in Italia quello che ho visto in altre capitali europee, Londra compresa. In quelle città, si pensi a

Berlino, a Parigi, ogni volta che si fa un intervento di riqualificazione urbana riescono a fondere in maniera coerente e creativa il vecchio con il nuovo, il passato con il presente, così che il volto della città cambia e cresce come noi, che negli anni Ottanta vestivamo in un modo, oggi in un altro, e percepiamo anche così il nostro essere presenti alla storia. Nelle città italiane, nella maggior parte dei casi, al contrario, non esiste armonia: o il vecchio o il nuovo, senza dialogo tra stili architettonici, una capacità di violentare il paesaggio urbano che grida vendetta. Perché l'Italia, a differenza di altri posti, è sempre stata al centro dell'attenzione per il gusto, per le cattedrali e le pievi del Medioevo, penso a quelle che circondavano i paesi di Maurizio e il mio, per i dipinti del Rinascimento, e penso alla mia Sansepolcro, per la moda, e invece, a un tratto, questa trasformazione continua si è interrotta, si è creata una cesura per cui sono nati esempi di cattivo gusto urbano, questi non proprio invidiabili dal resto del mondo; come se il passato e il presente non riuscissero più a dialogare e a creare nuove sintesi per il futuro. Magari potremmo parlarne, con Maurizio, una di queste volte, visto che passa più della metà dell'anno in giro per i cinque continenti e potrebbe fornirmi elementi utili di confronto. Magari anche questo tema potrebbe essere fortemente connesso con le questioni ambientali, perché un certo ambientalismo vorrebbe solo preservare lo stato delle cose senza intervenire sulla natura così com'è per creare spazi vivibili, e al tempo stesso, c'è il rischio che chi guarda solo allo sviluppo e al profitto sfrenato non tenga conto del contesto che trova in dote e finisca invece per annientare tutto come i palazzoni anni Settanta colati in cemento senza criterio all'interno dei nostri centri millenari o buttati su coste un tempo note per la bellezza selvaggia. Un tema che avrebbe molto a che vedere con un altro aspetto che a lui sta a cuore: la vera natura del conservatorismo.

Miss Skerrit mi viene incontro con il sorriso. Fino a questo momento ci siamo sentiti solo via e-mail. Adesso ho modo di ascoltare anche la sua voce e vederla di persona. Dell'impressione che ho avuto nei nostri contatti precedenti confermo la gentilezza della persona e la cordialità che esprime nell'accogliere gli ospiti che di volta in volta devono incontrare Maurizio. Mi dà il benvenuto, mi chiede se gradisco un tè, o un caffè, visto che sono italiano, se non ho per caso bisogno di rinfrescarmi. Mi fa accomodare in una sala d'attesa e mi spiega che Maurizio sta finendo una telefonata. Questa sera, dopo il nostro incontro, è atteso a una cena con il Ministro degli Esteri. Mi spiega che non avremo molto tempo, purtroppo. Sono contento di conoscere Miss Skerrit di persona, perché è stata per me fino a questo momento il tramite per raggiungere il mio amico a Londra.

Ancora qualche minuto, mi ripete sorridendo, e potrò entrare nella stanza.

L'ufficio di Maurizio non è enorme, l'entrata è costituita da una parete a vetri; alla destra la scrivania, dietro la quale la parete è coperta dall'immagine del *Buon Governo* di Siena di Ambrogio Lorenzetti, simile a quello conservato nel Palazzo Pubblico della città toscana. Sul lato accanto, un mosaico di foto che rappresenta Maurizio con varie personalità della politica, dell'economia e della scena pubblica: Re Carlo III, il Senatore Pera, Theresa May, David Cameron, altri che non conosco e che mi farò dire. Ogni foto sta nella sua cornice. Di fronte, una vetrata offre la vista sulla sala riunioni – mi chiedo quante volte Maurizio durante la giornata varchi quella soglia. Al centro della vetrata la bandiera inglese (*rectius* del Regno Unito), e la bandiera sammarinese sulle loro aste di legno e sopra la porta l'immagine della Madonna di Montenero. È particolarmente legato a quel santuario della nostra regione, io il giorno in cui ci si è sposato c'ero. Sulla scrivania al centro della sala, fatta di legno scuro ma moderna, ci sono il portatile e ancora foto – mi sorprende questa cosa delle foto, perché penso che a casa mia, nel mio ufficio, al contrario, non ne tengo nemmeno una. Sulla scrivania, una croce da tavolo di legno nero con un Cristo nero, «arte africana», mi spiega vedendo la mia espressione interrogativa. Mi fa segno di seguirlo nella sala riunioni.

La vista che attraverso le ampie vetrate della sala si apre sulla città. Maurizio parla con Zilah, poi mi invita a sedermi sulla poltrona mentre lui si siede sul divano accanto. Mi abbandono sulla poltrona un po' stanco dal viaggio e dalla camminata, ma felice di essere ancora una volta in sua compagnia. Appoggio lo zaino sull'altra poltrona. Mi rendo conto che tutto intorno a me parla di Tratos, l'azienda di Maurizio, campioni di cavi in tre dimensioni in teche di plexiglass trasparente, decine di cavi, esposti in ogni mobile, vetrina. Decine di cavi di ogni colore e dimensione, sembra un museo, eppure nello spazio sono perfettamente coordinati con la sala riunioni e con le poltrone da salotto, tutto molto sobrio ma accogliente, con la luce che entra dalla grande vetrata su St Paul Cathedral. Mentre Zilah gli porta l'agenda e una serie di cartelline porta documenti, alcuni dei quali – mi spiega – lo aiuteranno nel raccontarmi i fatti che sta per narrare. Mi spiega che non abbiamo molto tempo, perché deve partecipare a una cena al Carlton Club, uno dei più esclusivi club inglesi, fondato nel 1832, prima sede del Conservative Party, dove incontrerà il Ministro degli Esteri. Noto un quadro di lato con lo stemma reale e la firma della Regina, è il *Queen's Award.* Gli rispondo che Miss Skerrit mi ha già «istruito».

Scusa la curiosità: come mai le pareti del tuo ufficio sono quasi tutte in vetro? In genere quando si pensa a certe stanze si immaginano chiuse dietro muri spessi per custodire segreti. E quella pergamena? Quella pergamena non è forse...

Il *Queen'Award* ricevuto da Tratos nel 2019 per l'innovazione, conferito – e firmato, come vedi – dalla Regina, una sorta di cavalierato riservato alle imprese. Siamo stati la prima compagnia italiana a riceverlo nella storia di questo riconoscimento, come ha sottolineato Her Majesty's Lord-Lieutenant of Merseyside, Mr Mark FW Blundell. Alla cerimonia erano presenti tra gli altri leader, Knowsley Borough Council, Mr Sean Donnelly; The Worshipful, The Mayor of Knowsley, Councillor Jackie Harris; Member of Parliament Knowsley, The Right Honourable George Howarth MP; The Mayoress, Ms Marie Roughley; Deputy Lieutenant, Ms Lesley Martin-Wright DL; The High Sheriff Party of Merseyside: Mrs Elizabeth Steer & Mr David Steer QC DL; Her Majesty's Lord-Lieutenant of Merseyside, Mr Mark FW Blundell; Tratos President, Comm Dr Albano Bragagni OMRI; CEO Tratos UK Ltd, Dr Maurizo Bragagni MBA.

Quindi una cosa veramente unica. Ci sono mille domande che emergono solo da quello che ho visto finora.

Per rispondere alla questione delle pareti: sono in vetro perché se vuoi essere trasparente devi dare subito l'impressione di esserlo, e il vetro aiuta. Inoltre, questo consente di vedere ed essere visto da tutti. In un mondo dove tutto è usato e interpretato male, serve per proteggermi.

Paradossale. Spiega meglio?

Semplice. Ricevo tanta gente. Qualcuno potrebbe dire che l'ho aggredito oppure peggio. Invece, essendo in una bolla di vetro tutti vedono. Sono io il più esposto, in tutti i sensi.

Ah, capisco. E come mai proprio il Buon Governo*? Oltretutto veniamo da una regione in cui il campanilismo è una religione, mi sarei aspettato più un Piero della Francesca che un Lorenzetti.* La domanda lo diverte.

Mah, un po' per ricordarmi la nostra Toscana perché quando sei all'estero l'Italia tutta è aria di casa, un po' per ricordarmi che come un paese così un'azienda va governata con il consenso e la concordia, non con la forza o la prepotenza.

Ok, quindi, trasparenza, consenso, concordia... e la parete dei trofei, intendo quella delle foto?

Non sono trofei. Guarda, sembrano messe a caso, ma la disposizione che gli ho dato ha un senso. Al centro ci sono io con mio padre e mio zio Albano, poi le foto con i miei cugini Ennio ed Elisabetta e zia Marta, poi le foto con gli altri membri della mia famiglia; nei cerchi ci sono le persone che mi hanno guidato: Silvano Notti, il maestro che mi ha portato in giro per il mondo e insegnato il mestiere. Roberto Ruozi, il rettore della «Bocconi» e padre dei banchieri d'Italia, nonché compagno di scuola di Notti, da cui ha imparato a capire il mondo della finanza, e continua ancora oggi a tenermi compagnia. Ottonel Popesco, colui che mi ha introdotto al mondo *global*. Pensa che Ottonel era il CEO di Cavotec, una società da noi fornita, e per educarmi e aiutarmi nel mio lavoro, mi faceva assistere come *special guest* a ogni consiglio della Cavotec, nel mondo. Fu lui a trasformarmi dal ragazzo di campagna toscano a quello che sono oggi: un cittadino del mondo globale. Nel cerchio esterno le persone che ho incontrato, il Re Carlo III e i cari Primi Ministri e Ministri del Governo Britannico. Questo «universo» mi ricorda che quello che sono è una rete di rapporti. Come ci dicevano «nel dire io, dico tu che mi fai». Ti ricorda Niente?

Un padre comune che ci ha tirato su pur non avendolo mai incontrato di persona: Il Gius!

Esattamente. Il Gius! Ma ora veniamo a noi, altrimenti sei venuto per nulla, ho una cena a cui non posso mancare, penso che te l'abbiano detto.

Certo, ma l'ultima curiosità o non si va avanti: tua moglie e le tue figlie?

Quelle sono nelle foto sulla mia scrivania, Alessandra e le mie quattro ragazze; stanno insieme a mia madre, ai miei nonni, ai miei nipoti, ai miei figliocci e figliocce, ai miei cugini Elettra, Fabio e Daniele. Quelle sono le persone di cui sono responsabile, e quindi quelle più vicine a me. La luce che mi fa accettare tante fatiche ogni giorno, o tante incomprensioni.

Bene, visto che abbiamo poco tempo, non perdiamo tempo. Lo sai che sono qui per farmi raccontare della tua partecipazione alla COP26. L'ultima volta che ci siamo sentiti mi dicesti che stavi lavorando a questo, ma non ho ben capito quale fosse il tuo coinvolgimento.

Grazie per aver approfittato della tua venuta a Londra per vederci, come sai è sempre più difficile trovare momenti liberi. Stavolta purtroppo non abbiamo tempo per il nostro sigaro, mi dispiace, per quello si rimanda alla prossima, «il tempo si fa breve» come diceva sempre il nostro Gius, bisogna essere essenziali. Per raccontarti della conferenza partirei da qui. Il fatto che la COP26 si sia svolta in Scozia è stata per me una grande occasione. Certamente è stata una delle COP più importanti tra tutte le edizioni, e dopo ti spiegherò perché. Come sappiamo la storia è fatta sia della storia con la «S» maiuscola, sia di quella con la «s» minuscola e la cosa interessante è vedere come le tante storie con la «s» minuscola contribuiscono poi ad accrescere la «S» maiuscola della grande storia. Lo so, è un giro di parole, ma tanto mi hai capito: ognuno di noi, quando risponde responsabilmente alle circostanze che la vita tutti i giorni gli mette davanti, siano fatti grandi o fatti ordinari, contribuisce allo svilupparsi degli eventi e alla costruzione del progresso del mondo.

E io sono qui proprio per questo.

Glasgow è stata, ed è una tappa importante nel percorso che le nazioni stanno facendo sul tema dell'ambiente perché ha segnato dei punti essenziali per l'individuazione e l'attuazione di politiche che gli stati dovranno operare per raggiungere i punti concordati in quella sede; è stato uno dei forum di maggiore interesse a livello internazionale. Per questo partecipano direttamente i Capi di Stato, e come avrò modo di dirti nel corso di questa conversazione, vedrai che ci sono anche aneddoti curiosi che ti posso documentare su personaggi molto significativi. Il fatto poi che questa edizione sia stata organizzata nel Regno Unito, a Glasgow, ha fatto in modo che anche io abbia potuto dare un contributo, grande o piccolo lo diranno poi i fatti, alla costruzione della storia con la «S» maiuscola, provando a rendermi utile nella preparazione e nella partecipazione diretta ai lavori.

E infatti la cosa che mi interessa capire è prima di tutto come sia stato possibile che tu abbia preso parte alle sessioni di lavoro accanto a Capi di Stato, alla presenza addirittura del Re Carlo.

La mia presenza lì era dovuta al fatto che, come Console a Londra della Repubblica di San Marino, accompagnavo uno dei due Capitani Reggenti della Repubblica. Questa è una prima cosa estremamente interessante, un'anomalia che torna fuori ogni volta che San

Marino prende parte a qualche evento internazionale. Come sai, in eventi come questi il protocollo prevede che per ogni rappresentante, Capo di Stato, ci sia un accompagnatore. Ora, dal momento che a San Marino i capitani reggenti, cioè i Capi di Stato, sono due contemporaneamente – dopo ti racconto una cosa divertente su questo con un personaggio che non ti aspetteresti – accade che anche gli accompagnatori siano due. Quindi, uno degli stati più piccoli del mondo, non solo è presente, ma lo è con un numero di persone doppio di quello di ogni altro stato, che siano gli Stati Uniti, l'India o la Cina.

Un'anomalia divertente e paradossale; forse, proprio perché San Marino è piccolino verrebbe da dire che ha bisogno di raddoppiare la presenza. Vai avanti, ti ascolto.

Potrebbe essere. L'appuntamento di Glasgow, tra l'altro, era più atteso che mai, visto che a causa della pandemia di COVID-19 era stato rimandato di un anno, un anno nel quale il mondo ha potuto toccare con mano anche altri problemi molto seri che sono comunque connessi con le questioni relative all'ambiente e alla sostenibilità, perché la nostra fragilità davanti alle pandemie è dovuta anche alla debolezza sempre maggiore del nostro organismo immerso tutti i giorni in un'atmosfera inquinata come mai ce n'è stata prima, non ce ne dimentichiamo.

E poi?

E poi il fatto che a questa COP abbiamo avuto una doppia presidenza dei lavori, Regno Unito - Italia.

E tu cosa c'entri con questo?

Devo risalire indietro di alcuni mesi. Il mio coinvolgimento con la COP26 ha radici che risalgono al 2016, quando Theresa May era Primo Ministro. In quel periodo ero Presidente del British Italian Conservative e mi feci promotore di una cena che si tenne al Cinnamon Club qui a Londra, cena alla quale parteciparono importanti figure politiche. C'erano tra gli altri Michael Gove, Segretario di Stato All'Ambiente e l'ambasciatore italiano a Londra, Raffaele Trombetta. Durante quella cena, Italia e Regno Unito decisero di cooperare anziché competere per la presidenza della COP26. Fu un momento significativo, poiché dimostratò la volontà di collaborare per affrontare le sfide globali del cambiamento climatico e che questa strada, quella della collaborazione intendo, se si vuole, è sempre percorribile.

Penso che il tema dell'impatto dell'uomo sull'ambiente ti stia a cuore sia per questioni di educazione personale che per motivi professionali.

Sono sempre stato interessato al tema del cambiamento climatico, per ragioni come dici personali e di natura industriale, e ho coltivato da quel momento un interesse crescente per la COP26. Così, quando nel 2019 sono diventato Console della Repubblica di San Marino, ho invitato i Capitani Reggenti – che sono i nostri Capi di Stato – a partecipare attivamente all'evento, consapevole dell'importanza che anche una Repubblica piccola come quella di San Marino ha nel contribuire a un futuro sostenibile per tutti. Come vedi quella cena ha rappresentato il momento preciso, perché c'è sempre un momento in cui le cose, magari silenziosamente, mettono in moto un nuovo percorso. Ci sono momenti peculiari nei quali riconosci il colpo di pistola dello *starter*, anche se poi riavvolgendo il nastro ti accorgi che quelli sono sempre il prodotto della concatenazione di altri fatti che li precedono. Ma il nostro ruolo è assecondare e seguire quelle intuizioni che permettono di legare insieme le cose. Così tutto inizia a correre. In sintesi, quella cena al Cinnamon è stata l'occasione, il pretesto in cui questa cooperazione è stata concepita e ha iniziato a maturare. Come sempre, e ogni volta ne parliamo, e lo ribadisco, si tratta di una questione di rapporti, quelli sono il primo e vero carburante del cambiamento. Conseguenza di quella cena al Cinammon fu il rafforzamento dei rapporti tra i nostri due paesi. Passa tutto dalle persone. La COP di Glasgow ha rappresentato un'occasione privilegiata per avere nuovamente conferma di questa intuizione. Si tratta tra l'altro dell'unica volta, dalla nascita della COP, in cui il tavolo di presidenza è stato condiviso da due stati.

Non male…

Abbiamo anche creato un precedente per future co-presidenze. Lavorare per una cosa simile, inserita all'interno di un evento a cui partecipano i Capi di Stato di tutto il mondo, beh, ti lascio immaginare che tipo di impegno e che occasione rappresenti per chi vi prenda parte.

Infatti sono molto curioso e vorrei che tu andassi avanti. Anche perché ciò avrà significato fare incontri a tutti i livelli, senza dimenticare che prima di tutto tu sei un industriale, quindi avrai potuto godere di un punto di vista d'eccezione anche per comprendere meglio gli scenari in divenire nei mercati internazionali.

Come imprenditore ho avuto l'opportunità di scambiare le mie visioni con i leader mondiali sulle azioni globali per affrontare il cambiamento climatico, ti pare poco? Ho avuto modo di sottolineare l'importanza dell'innovazione e di ripensare i modelli aziendali verso un'economia circolare.

A proposito di questo – permettimi un inciso ma è attinente con ciò di cui discutiamo – ho visto che hai pubblicato anche un articolo nel quale formuli una proposta rispetto alla carbon tax, *quindi su politiche volte a ridurre l'impatto dell'inquinamento.*

Nel mio articolo ho proposto una riforma della *carbon tax* basata sulle emissioni di CO2 prodotte nell'intero ciclo di vita dei prodotti. Questo incentiverebbe le aziende a cercare modi più puliti di produrre e smaltire i loro prodotti, promuovendo l'economia circolare e la durata dei prodotti.

In cosa consiste la tua proposta e perché rappresenterebbe una novità rispetto al precedente modo di intendere la carbon tax?

La pandemia di COVID-19 ha aumentato la consapevolezza dell'urgenza di riformare la nostra economia per raggiungere una ripresa globale. Questo sforzo richiederà l'implementazione di varie strategie mirate a un *reset* del sistema, al cui centro si trova il modello di ripresa sostenibile. Nel 2009, l'Assemblea Generale delle Nazioni Unite ha proclamato il 22 aprile come Giornata Internazionale della Madre Terra. È stato un coraggioso atto di riconoscimento che la Terra e i suoi ecosistemi sono la nostra casa tipica. Allo stesso tempo, è un'espressione tangibile della convinzione globale che l'umanità deve essere in armonia con la natura per raggiungere un giusto equilibrio tra le esigenze economiche, sociali e ambientali delle generazioni presenti e future. Mentre la comunità globale è attivamente alla ricerca di nuovi modi per raggiungere lo sviluppo sostenibile, decisa a eseguire un *reset* del sistema economico e determinata a una ripresa verde, perché non proviamo a riformare il sistema fiscale? Un sistema di tassazione corretto potrebbe aiutare a recuperare rapidamente e a ottenere una ripresa verde dell'economia globale. Sebbene tutti debbano pagare le tasse, la verità è che alcune aziende più grandi adottano misure estreme per minimizzare il loro contributo nei luoghi in cui operano e vendono. La nuova idea che questo articolo propone è che, invece di tassare le aziende per ciò che producono e vendono, dovremmo calcolare la quantità di CO2 che un'azienda emette durante la produzione dei beni e il loro riciclaggio per tassarle di conseguenza.

Tornando invece alla COP26 quali sono, secondo te, le novità emerse in questa edizione?

Intanto ogni COP è sempre più urgente, perché è fondamentale agire ora per proteggere il nostro pianeta per le future generazioni, ma anche quelle presenti, pensa per esempio all'incidenza dell'inquinamento sulle patologie di natura oncologica. Ecco perché è così cruciale partecipare a eventi come la COP26 e lavorare insieme sforzandoci di trovare soluzioni.

Come sempre, anche in questo caso non sono mancate le contestazioni di gruppi ambientalisti. Sui media abbiamo visto Greta Thunberg che da fuori incitava i suoi ragazzi a urlare contro chi era dentro al palazzo che il futuro dei giovani è stato loro rubato dai grandi – grandi non solo anagraficamente. Soprattutto gridavano, e sembrava essere quello lo slogan della protesta, il refrain *che diceva che il vostro era solo un* bla bla bla *e non un vero lavoro per cambiare le cose. Cosa ne pensi, visto che tu stavolta eri dentro quel palazzo?*

Io penso questo, e mi è capitato già di spiegarlo in altre occasioni: sia quelli che stanno dentro alle stanze del potere, diciamo così, sia coloro che scendono in piazza, hanno lo stesso obiettivo: evitare la distruzione del pianeta. Poi, ognuno, in base alla posizione che ha, al ruolo che riveste nella società, deve adoperarsi al massimo per incidere sulle politiche ambientali e sulla sensibilizzazione dell'opinione pubblica su un tema così importante e delicato. Così che, ti sembrerà strano, io non mi sento di demonizzare più di tanto Greta e i suoi ragazzi. Così come altri gruppi, fanno il loro lavoro ed esprimono una preoccupazione sacrosanta. Aggiungo qualcosa in più: le loro proteste da un certo punto di vista, sono utili per spronare chi sta dentro al palazzo a sbrigarsi e a fare il possibile per evitare ulteriori danni all'ambiente. Detto questo, c'è poi modo e modo di protestare, e non tutti i modi sono legittimi. Ma dobbiamo cercare di trattenere lo spirito che anima certi fenomeni e certi cortei, altrimenti non riusciremo più a dialogare tra generazioni e tra posizioni differenti e la soluzione di un muro contro muro sarà l'inevitabile autodistruzione.

Non pensi però che la protesta sia montata e sfruttata ad arte da gruppi di interesse?

La questione delle proteste e del loro utilizzo da parte di gruppi di interesse non è un fenomeno nuovo né esclusivo della nostra epoca. La storia è piena di esempi in cui il malcontento popolare, nato spontaneamente dalla sofferenza e dal desiderio di giustizia, è stato in seguito cavalcato da figure che hanno cercato di trarne vantaggio per la propria ascesa o per consolidare il proprio potere.

Un esempio storico significativo è quello di Cola di Rienzo, tribuno romano del XIV secolo, che sfruttò il malcontento dei cittadini romani contro i nobili per presentarsi come difensore della libertà e restauratore della Repubblica. Tuttavia, la sua lotta per il potere finì per allontanarlo dal popolo stesso, rivelando la sua ambizione personale. Questa dinamica di una figura che cerca di guidare una rivolta spontanea solo per diventarne il protagonista è ricorrente. Lo stesso accadde, in tempi più recenti, con i simbolici lanci di monetine a Bettino Craxi nel 1993, un episodio che rappresentava il malcontento verso la classe politica dell'epoca, ma che vide nuovi attori politici emergere dalle ceneri di Tangentopoli.

Tuttavia, come dimostra la storia, i «Cola di Rienzo» di ogni epoca – da Girolamo Savonarola, che a Firenze incarnò il malcontento del popolo contro la corruzione ecclesiastica, a personaggi recenti della scena politica – possono solo cavalcare, ma non creare il desiderio di cambiamento. Questo desiderio è il «sacro fuoco della libertà», quell'impulso che spinse popoli e individui a sacrificare tutto per un ideale. Gli esempi abbondano: la Rivoluzione francese, nata non dalla manipolazione ma dalla vera oppressione e diseguaglianza; il Risorgimento italiano, in cui figure come Mazzini, Garibaldi e Cavour alimentarono il desiderio di libertà; o il movimento per i diritti civili negli Stati Uniti, in cui Martin Luther King e altri leader rappresentarono un desiderio profondo di uguaglianza e dignità.

La scintilla della libertà è spesso accesa dalle condizioni di sofferenza e repressione, un impulso che trascende i singoli e si diffonde tra le persone, rendendo possibile il cambiamento. Chi cerca di sfruttare questo fuoco per scopi personali è destinato a essere una figura passeggera, un opportunista.

Spostiamoci ora all'interno. Quello che ci arriva dai media, quando riferiscono di questi eventi, è quasi sempre un ambiente formale, ma come è il clima durante questi incontri tra i partecipanti? Mi spiego meglio, come sono i rapporti tra i rappresentanti dei vari paesi che sono presenti? Anche perché condividono lo stesso tavolo presidenti di stati grandi e influenti come gli USA e quelli di piccoli stati, come nel caso della tua San Marino.

Mi fa piacere che tu me lo chieda, perché vorrei raccontarti qualche episodio su questo argomento. Sono tre fatti accaduti in quei giorni che, secondo me, aiutano a comprendere al di là delle formalità come in questi contesti, pur nel rispetto del protocollo, sia possibile avere un sincero scambio di simpatia umana. Posso parlarti ovviamente di quelli che ho vissuto in prima persona, ma di quelli posso dare testimonianza perché ero presente. Ed eccoci all'aneddoto. I miei Capitani Reggenti scendono la scala d'onore e vanno incontro a Boris Johnson che li sta aspettando. Appena Johnson se li trova davanti esclama: «San Marino» e con il suo tipico modo di parlare un po' goffo, facendo cenno verso di me che ero, lì dice: «Maurizio, una grande persona. San Marino è fortunato ad averlo come console. Chi non conosce Maurizio?». È stato un momento bello per me, umoristico e commovente al tempo stesso per loro. È bello sapere che siamo apprezzati e che questo riconoscimento venga espresso da certe persone anche in un momento così formale.

...segno evidente del credito di cui godi presso certe persone.

Sì, e guarda, anche questi dettagli molto umani e personali, all'apparenza insignificanti nel contesto di occasioni istituzionali formali come quella, sono utili per consolidare rapporti tra organizzazioni e organismi che, non va mai dimenticato, sono sempre fatti di persone.

C'è un altro aneddoto che aiuta a comprendere il clima in quei giorni. Però non subito, perché il tempo è passato e devo prepararmi per andare alla cena al Carlton. Se per te va bene potremmo parlarne in auto mentre andiamo.

Certo che sì.

* * *

Ci alziamo dalle poltrone. Maurizio mi chiede di attenderlo mentre va a cambiarsi in un'altra stanza, mi dice che se voglio posso chiedere a Zilah un caffè o dell'acqua. Sono a posto così, prendere un caffè a quest'ora del pomeriggio non mi farebbe dormire per tutta la notte, e domattina ho un appuntamento al quale voglio essere lucido e presente a me stesso. Mentre attendo il mio amico accosto la fronte al vetro della finestra e approfitto per dare nuovamente un'occhiata alla città che più sotto scintilla formando ora un contrasto dorato contro l'oscurità del cielo. Mi fa un certo effetto pensare che dentro quell'oscurità in questo preciso momento navighino centinaia di aerei con dentro migliaia di persone. Che vita farà ognuno di loro? Cosa li tiene sospesi nel vuoto tra una terra e l'altra, tra un arrivederci e un benvenuto, tra un addio e un ben tornato? Penso a quanti aerei prende Maurizio durante l'anno. Glielo devo chiedere prima o poi. Forse è solo per un tic statistico, ma trovo che anche questo aspetto dica dell'uomo, di quanto tempo passa con i piedi per terra e di quanto tempo se ne sta su, disperso tra le nubi e quanto ciò incida sulla visione che ha del mondo e delle cose.

Maurizio riappare pronto per la cena, in *White Tie* con una serie di medaglie appuntate. Gli chiedo cosa rappresentino:

«Officer of the Glorious Order of the British Empire (OBE) for Business Achievements, 2021, – risponde – Commander of the Order of Saint Agatha (San Marino), 2020, Cavaliere of Italian Republic OMRI, 2019».

Mi trattengo dal domandargli le ragioni di tali onorificenze, anche se di alcune lo so già. Sarà per un'altra volta.

Scendiamo le scale e da sotto si sente abbaiare, Arthur e Zeus, i labrador di Maurizio. Appena lo vedono gli si buttano addosso, temo per il vestito appena messo per la cena, ma vedo che lui non se cura più di tanto e con una mano spazzola i pantaloni sotto al ginocchio. Sono felici ogni volta che il padrone si manifesta e lui sembra particolarmente entusiasta ogni volta che se li trova intorno, mi dice che gli danno una carica particolare. Saliamo sull'auto già pronta che attende il nostro arrivo. Con noi salgono anche Arthur e Zeus che vanno a sistemarsi in un posto che sembrano conoscere bene, segno che questa scena si ripete spesso. Chiusa la portiera, Maurizio fa cenno all'autista. Domando se la Mercedes sia sua. Risponde che è del consolato, così come l'autista. Gli viene mandata ogni volta che ne ha bisogno.

Dove eravamo rimasti .

Come ti dicevo, alle cene di stato, in queste occasioni di solito sono invitati solo due rappresentanti per paese, ma, avendo noi due Capi di Stato, abbiamo avuto diritto a portare con noi due accompagnatori, quindi eravamo in quattro. I due Capitani Reggenti, Francesco Mussoni e Giacomo Simoncini, il Segretario per gli Affari Esteri, Luca Beccari e io. A un certo punto della serata, viene al nostro tavolo il Primo Ministro del Lussemburgo. Dopo averlo salutato, i Capitani Reggenti gli chiedono se può gentilmente introdurli al presidente degli Stati Uniti. E qui avviene una scenetta comica. Biden passa nella sala e il Primo Ministro del Lussemburgo, chiamando «Presidente, Presidente», lo presenta ai Capitani Reggenti, spiegandogli che sono in due perché le leggi della Repubblica Sanmarinese ne prevede due e che restano in carica per sei mesi soltanto. Biden li guarda facendosi il segno della croce ed esclama «Ave Maria, ave Maria», come a dire «Madonna mia, che situazione divertente!». A quel punto i Capitani chiedono al Presidente degli Stati Uniti se possono farsi fare una foto con lui e lui dice che ormai si fanno i selfie. Così prende in mano lo smartphone di uno di loro e scatta direttamente lui questo selfie che poi è stato ripreso anche dalla stampa. È stato un momento davvero unico e spensierato, informale.

(La macchina, nel frattempo, ha lasciato la sede di Maurizio e attraversa la città ormai immersa nelle luci della sera. Nella capsula ovattata che ci trasporta, Maurizio sembra cercare col pensiero qualcosa nelle immagini che scorrono all'esterno).

C'è poi stato un altro momento, secondo me, interessante – riprende Maurizio. Mi trovavo all'esterno della zona riservata ai Capi di Stato e di governo. Vedo Theresa May, l'ex Primo Ministro del Regno Unito, anche lei fuori dalla *blue room*. Non essendo più al governo, non aveva diritto all'accesso alla stanza riservata. Mi avvicino agli steward, i miei colleghi, con il badge di membro del governo, e faccio notare loro che sarebbe appropriato farla accomodare. Così, molto gentilmente, hanno invitato Theresa May a entrare. Naturalmente, colgo l'occasione per farle un breve saluto insieme ai miei Capi di Governo; dopotutto, è stata il mio Primo Ministro, e San Marino l'aveva addirittura nominata Grand'Ufficiale dell'Ordine di San Marino.

Un grande gesto di attenzione alla sua persona che ti ha permesso di omaggiarla come necessario, Maurizio. Ciò denota una certa maestria che hai in questo genere di relazioni.

Sai, non è solo questione di maestria, si tratta di affetto, di amore.

In che senso?

Ci hanno insegnato che il bene verso l'altro è il primo fattore di costruzione di un mondo più giusto. Non tutti ci credono, ma io, non avendo mai chiesto nulla in cambio e avendo fatto tutto per un bene più grande, non ho mai avuto il problema di essere onesto e generoso con gli altri. E gli altri accettano questo perché sanno che non è in funzione di una contropartita, che tutto è gratis e amore. Noi ci diciamo cristiani ma non accettiamo i due comandamenti di Cristo «ama il Signore Iddio tuo con tutto il tuo cuore e con tutta l'anima tua e con tutta la mente tua». Questo è il grande comandamento. Il secondo, simile a esso, è: «ama il tuo prossimo come te stesso». Li abbiamo ascoltati, ci sono stati insegnati ma non li applichiamo, non li viviamo. L'amicizia come abbiamo sperimentato con il Gius, l'amicizia *gratia et amori Dei*, l'amicizia che ha portato dopo venti anni dall'università trenta adulti a fare gli scrutatori per la mia elezione al Senato a gratis, non è del mondo. Anche noi pur vivendola la confondiamo, pensiamo «quello ha fatto una cosa per un tornaconto». Invece, quando accade è dirompente. Ripeto, cosa vi ha portato alla notte delle elezioni, siete tutti adulti, lavorate, in realtà non siete collegati con me, perché siete accorsi? Non per denaro, non per gloria. Per cosa? Per amicizia. Questa è la cosa dirompente che quando siamo in grado di offrire agli altri irrompe come un'emozione unica. Tutti vogliono sentirsi abbracciati come ci siamo sentiti abbracciati noi, liberati da Cristo. Questo crea la vera novità nel mondo. Anche un dislessico impacciato come me diventa autore di novità, non per mio merito ma per mia obbedienza, e nascono amicizie solide.

Ammetto che si tratta di una prospettiva controcorrente e dimostra il valore intrinseco delle relazioni umane fondate sull'affetto e sull'amore reciproco.

E quindi, ecco perché, anche nelle situazioni più complesse e formali come quella che ho vissuto con Theresa May alla COP26, l'affetto e l'amore possono essere il collante che unisce e trasforma le interazioni in qualcosa di autenticamente significativo. Con Theresa, figlia di un pastore protestante, è stato facile, condividiamo la stessa fede e la stessa formazione di Chiesa. In Theresa la fede è molto presente e le sue scelte sono sempre in paragone con essa. Questo a mio avviso l'ha resa speciale, e il suo mandato da Primo Ministro sarà rivalutato, molto rivalutato negli anni a venire.

L'auto si ferma. Senza rendercene conto siamo giunti al Carlton Club. Preso dal racconto non ho nemmeno degnato le strade cittadine e i suoi passanti di uno sguardo, di una foto con lo smartphone da postare a memoria. Maurizio mi dice che ad attenderlo nel club ci sono oltre al Ministro degli Esteri, Theresa May e altri membri del Governo. Ci dobbiamo salutare, ma prima di congedarsi non viene meno, neanche questa volta, al gesto rituale della nostra amicizia.

* * *

«Questa è per te» dice porgendomi una scatola di legno chiaro. Sopra c'è stampato uno stemma con scritto *Nihil difficile volenti*, niente è difficile per chi vuole. Dice che è il motto che si è scelto per lo stemma, quello lì rappresentato, che gli è stato concesso dalla Regina. Dentro ci sono i suoi sigari, quelli che la manifattura Tornabuoni ha fatto apposta per lui.

«Niente è impossibile per chi lo vuole» mi dice tamburellando con l'indice sullo stemma colorato impresso sul coperchio.

Cosa rappresenta questa effigie?

Questa croce rossa al centro dello scudo su sfondo argento, ispirata alla Croce di San Giorgio, è simbolo di fede e sacrificio. Le rose che la affiancano rappresentano mia moglie, le mie figlie e le cinque generazioni della mia famiglia.

L'elmo?

Insieme alla ghirlanda argento e rosa e al pettirosso sono simbolo di compassione e resilienza. Secondo una leggenda cristiana, il pettirosso si macchiò il petto di rosso nel tentativo di alleviare le sofferenze di Gesù sulla croce, sottolineando così un valore di altruismo e sacrificio. Ci sono poi un ramo d'olivo e uno di quercia incrociati che rappresentano pace e forza, qualità profondamente radicate nei valori familiari e un possibile richiamo alla Repubblica di San Marino, con cui la famiglia ha forti legami.

Perché questo motto nihil difficile volenti?

Riflette lo spirito di determinazione e perseveranza che caratterizza la famiglia. Infine il bordo floreale e gli animali: i fiori rappresentano Galles, Inghilterra, Scozia e Irlanda, i due labrador a lato... quelli li hai appena conosciuti. Quando poi passerai da casa mia ti presenterò anche il gatto birmano.

Prometto che vengo a trovarti.

Usciamo dall'auto. Una stretta di mano, come sempre. La pioggia non batte più. Torno in hotel senza chiamare il taxi.

Chi vuole cambiare il mondo
prima cambi sé stesso.

SOCRATE

Sempre libero

Seduto al bar all'ingresso dell'aeroporto di Pisa, sono in attesa di salutare Maurizio. Sapevo che questo pomeriggio sarebbe ripartito da qui per tornare a Londra. Sono a Pisa anche io per vedere alcune case per mio figlio che a settembre inizierà l'università.

Il viavai di persone che la domenica pomeriggio passano di qui, tra i desk, i bar, le scale mobili, è corposo e mette allegria. Turisti, gente che viaggia per lavoro, lo capisci dal bagaglio, dalle facce. In altri tempi tutto questo mi avrebbe infastidito, ma oggi vedere tanto movimento dopo quello che ha rappresentato il periodo del COVID con i suoi *lockdown*, i suoi distanziamenti forzati, le mascherine, mi mette allegria. È strano pensare che fino a un anno fa tutto questo era un incubo senza data di scadenza, mentre ora devo quasi fare uno sforzo per ricordarmelo – forza della rimozione; sembra appartenere a un mondo lontano dai contorni sfocati. Forse è per questo che appena i ricordi di quei giorni affiorano, vedendomi qui in questo momento, sale l'euforia. Tra poco Maurizio prenderà il volo per una nuova settimana di lavoro che chissà dove lo porterà. Io invece, al termine del nostro caffè me ne tornerò a casa in auto, nella periferia toscana, bella quanto al paesaggio ma sempre marginale rispetto a certi scenari. Come è buffo, a pensarci bene, che possa esserci un legame di amicizia tra due persone che vivono in mondi così distanti. Ma tra noi c'è un legame profondo, più di quello anagrafico, più di quello di una comune appartenenza geografica; no, c'è quell'altro legame, quello di quell'amicizia nata da ragazzi dentro un gruppo di amici che voleva assaporare fino in fondo il gusto della vita. Che quell'impeto dopo tutti questi anni non se ne sia andato, è segno che quella cosa è vera, oggi come allora, e non si usura col passare del tempo. Tanto che anche se non ci vediamo o sentiamo per qualche mese, ogni volta è come se ci fossimo lasciati cinque minuti prima. E così, a distanza di anni, con strade che non potrebbero essere le più differenti, eccoci ancora una volta qui, nel bar di questo aeroporto con la voglia di raccontarsi e ascoltare l'uno dall'altro quello che la vita continua a insegnare, le cose vissute e scoperte nell'ultimo periodo. Un nuovo punto di connessione prima di una nuova separazione. La qual cosa aiuta molto, perché ci permette di saltare quegli inutili convenevoli che servono per addomesticare i rapporti laddove vera amicizia non c'è. Al tavolo hanno già portato il mio caffè e la sua spremuta d'arancia. Vorrei aspettarlo e bere insieme a lui, ma poi si fredda e non mi piace più, così rompo ogni indugio. Maurizio ha ricevuto una telefonata e si è alzato. Parla andando su e giù per il corridoio, dalla scala mobile che porta agli imbarchi, tornando al bar girando poi verso l'entrata. Non sta fermo un momento, sembra continuamente tormentato da una febbre di azione. È un irrequieto nel senso buono del termine, uno mai tranquillo. A differenza però di tanti altri uomini d'impresa o d'affari che mi è capitato di conoscere, la sua è una irrequietezza serena, potrei dire pacificata.

Stavo pensando, mentre eri al telefono, che non stai fermo un momento, anche mentre parli con me sembri sempre con la mente rivolta a un punto successivo. Eppure, mi sembra che il tuo muoverti, il tuo continuo andare non sia di tipo ansiogeno come accade di vedere tante volte nelle persone, indipendentemente dal ruolo e dal tipo di impegni che hanno.

Infatti, io non corro, non ho mai corso in vita mia e non ho mai avuto il problema di farlo. Però mi muovo continuamente, è vero. Questo mio continuo muovermi è sempre stato per l'urgenza di una domanda interiore: «Tu cosa vuoi da me?». A questa domanda ho sempre cercato di trovare una risposta nelle sfide che la realtà mi poneva innanzi di volta in volta. Perché la grande cosa che ho scoperto nell'incontro con il carisma di don Giussani è stata la scoperta che se il mio desiderio è vero, allora se gli vado dietro, se non permetto che si spenga, prima o poi la realtà risponde e lo compie. Questa è stata per me la vera scoperta della vita: poter sfidare continuamente, totalmente, la realtà, con un metodo, cioè una strada con cui stare nel mondo e dentro le circostanze. È quello di cui abbiamo parlato anche altre volte che ci siamo visti, che vale per tutto quello che faccio: prendi il mio essermi buttato nella campagna elettorale per il Senato, per dirne una, che per me ha rappresentato una novità assoluta, con tutto quello che ha comportato anche come fatica. Quanto mi è stato restituito, però, nell'incontro con le varie comunità italiane, e poi con quello che sta venendo fuori dopo quell'avventura: l'incontro con tantissime persone e il trovarmi impegnato in prima linea in molteplici ambiti. Un'inesauribile scoperta, innanzitutto delle persone che mi è dato di conoscere e con le quali posso entrare in un rapporto reale, non contraffatto da logiche di potere. Lo testimonia, per esempio, il pranzo organizzato del 2015 al Carlton Club al quale ho invitato alcuni amici che sono venuti per festeggiare con me il mio compleanno.

Vedi Alessandro, l'amicizia è un legame umano che ha affascinato molti pensatori, tra cui Cicerone e Giussani. Entrambi vedono l'amicizia come una realtà che trascende il semplice rapporto tra individui e si radica in qualcosa di più profondo e spirituale.

Interessante. Cioè?

Cicerone la descrive come una comunione di tutte le cose divine e umane, basata sulla benevolenza e sull'affetto reciproco. Dice: «*Est enim amicitia nihil aliud nisi omnium divinarum humanarumque rerum cum benevolentia et caritate consensio*» (*Laelius de Amicitia*, VI.20). Questo significa che l'amicizia vera non è guidata da utilità o vantaggi, ma dalla condivisione di valori e virtù.

E come si collega questo al pensiero di Giussani?

Giussani amplia questa visione, sottolineando come l'amicizia autentica sia un mezzo per scoprire il senso della vita e la presenza di Dio. Egli afferma: «L'amicizia vera è una compagnia che ti introduce alla verità tutta intera, che ti introduce a Cristo» (*Il senso religioso*, 1997). Quindi, per Giussani, l'amicizia non solo connette le persone, ma le guida verso una comprensione più profonda del divino. L'amicizia, come intesa da Cicerone e Giussani, è un'esperienza che arricchisce l'animo umano e lo avvicina a Dio. Cicerone stesso dice che l'amicizia è un'aggiunta preziosa alla vita: «*amicis vero, quod accedebat, id mihi videbatur egregia laus*» (*Laelius de Amicitia*, III.11). Per Giussani, l'amicizia è un luogo dove la persona trova sé stessa e cresce nella fede: «L'amicizia è il luogo in cui la persona trova sé stessa e l'altro, in un percorso di crescita reciproca» (*Il rischio educativo*, 1995).

E nella tua vita, Maurizio? Come hai visto concretamente queste idee sull'amicizia?

La mia vita fin qui è stata un viaggio continuo nel vedere come l'amicizia in Cristo abbia generato amicizie eccezionali e gratuite. Ho vissuto e visto comunità dove le persone si sostengono a vicenda, non per interesse personale, ma per un amore autentico e disinteressato. Queste amicizie mi hanno mostrato il volto di Dio, rasserenando il mio animo e donandomi una profonda gioia.

Fatti, fatti.

Pensa alle esperienze di comunità cristiane dove le persone si aiutano senza aspettarsi nulla in cambio, semplicemente perché riconoscono Cristo nell'altro. Questa è la testimonianza di come l'amicizia possa diventare un riflesso dell'amore di Dio. Giussani parla di questo quando dice che l'amicizia è una «compagnia nella quale la verità viene scoperta e condivisa» (*Generare tracce nella storia del mondo*, 1998). Un esempio di questo è il gruppo di amici che hanno sostenuto la mia elezione al Senato nel 2018.

Quindi, l'amicizia è davvero il mistero attraverso cui Dio si manifesta e ci chiama?

Sì, proprio così. L'amicizia autentica è un dono di Dio che porta serenità e pienezza. È un viaggio che ci guida alla scoperta della verità e dell'amore divino, proprio come diceva Giussani. E questo è un concetto che, seppur espresso in termini diversi, anche Cicerone aveva colto nella sua filosofia.

Mentre ero in auto e venivo qui, riflettevo su come sia strana la vita: a volte da quelle che a noi appaiono come sconfitte possono venire fuori delle grandi occasioni, magari più grandi di quanto noi non si sia immaginato come possibilità fino a quel momento. Prendi il tuo caso, per esempio, ci sono state le elezioni del 2018, non sei stato eletto, e invece che finire tutto si sono aperti per te mondi e contesti nei quali hai probabilmente potuto fare molto che neanche tu stando seduto in Parlamento.

È proprio così.

Mi viene in mente a questo proposito la differenza che ci ha spiegato mille volte don Giussani quando faceva la distinzionetra sogno e ideale, te lo ricordi? Il sogno è la forma che, se-

condo noi, deve assumere la nostra vita per realizzare il nostro desiderio di felicità; l'ideale è la risposta già presente al nostro desiderio di felicità anche se può assumere forme differenti da come ce le siamo immaginate noi. Oggi, tra l'altro, mi sembra che la prima violenza che compiamo sui giovani sia quella di invitarli a non rinunciare mai ai propri sogni, mentre dovremmo spingerli a vivere per e con l'ideale.

È vero quello che dice don Giussani ponendo la differenza tra ideale e sogno. Il problema poi ancora di più emerge per loro quando non vedono che in noi questo è vero, quando cioè non assumiamo questo come criterio per affrontare le circostanze. Vedono, per esempio, che noi riteniamo che potremmo essere felici se riuscissimo a fare i soldi, mentre la felicità è la quotidiana scoperta che per essere lieti dobbiamo rispondere alla realtà per come essa si pone davanti a noi. Nella mia vita ho sempre obbedito a quello che mi veniva chiesto. Quando mi sono laureato con il massimo dei voti in giurisprudenza nel 2000 avrei potuto fare l'avvocato o il notaio, non avrei avuto problemi dal punto di vista economico nell'intraprendere quel tipo di percorso, ma ho aderito alla richiesta che veniva dalla mia famiglia: andare in Inghilterra – pur non conoscendo io all'epoca una parola di inglese – per seguire l'azienda e aiutarla a svilupparsi. Ho lasciato tutto quello che avevo in mente io e ho seguito questa chiamata fatta da altri, mi sono fidato. L'ho fatto allora e continuo a farlo ogni volta, non si decide mai una volta per tutte. E anche andando in Inghilterra, essendoci già uno stabilimento avviato, avrei potuto fare il direttore sin dal mio arrivo, vivendo magari in una villa a Manchester con tutti gli agi del caso. Ma anche lì ho capito che ero chiamato a percorrere una strada differente, spostandomi a Londra in un piccolo appartamento, perché da Londra avrei potuto seguire direttamente il mercato internazionale, cosa che mi sarebbe stata preclusa se mi fossi insediato a Manchester. Era quello di cui c'era bisogno in quel momento, perché c'era bisogno di ridare nuovo impulso alla realtà inglese della nostra azienda e portarla fuori. La cosa ci ha così permesso di aprire nuovi mercati e nuovi appalti, con le ferrovie e le telecomunicazioni, mercati che fino a quel momento non avevamo e che se fossimo rimasti solo a Manchester non ci avrebbero consentito lo sviluppo che poi ci ha contraddistinto. Non ho mai scelto, ho sempre fatto quello che mi è stato chiesto.

Ma stavolta, permettimi, mi piacerebbe spingere la nostra conversazione un po' più in là; mi piacerebbe proprio, sulla scia dei racconti che ci siamo fatti in questi ultimi tempi, provare a essere ancora più esplicito: se tu dovessi dire quale è l'ingrediente segreto che ti ha permesso dalla piccola Pieve Santo Stefano di raggiungere tutto il mondo e a ricoprire incarichi alti come quelli che svolgi oggi, in cosa lo individueresti? Quali sono i pilastri che guidano il tuo fare e il buttarti continuamente nella mischia?

Come già detto in un mio libro precedente, i tre pilastri che mi accompagnano e mi guidano sono riassumibili nelle tre «P»: Pazienza, Perseveranza, Preghiera. Il vero pilastro poi, direi l'architrave, è questo: la certezza di essere amato. Penso alla mia storia, nasco con sei nonni legittimi, perché mio padre era stato adottato dai suoi zii, e sono quindi anche quelli, per me, nonni legittimi, il che mi ha causato anche qualche piccola difficoltà perché, quando a scuola dicevo alla maestra che avevo sei nonni, lei pensando che stessi mentendo, mi puniva. Cosicché quando lo disse a mia madre lei fu costretta a spiegarle il motivo di quella mia affermazione all'apparenza strampalata. Oppure il fatto che per questo venissi deriso dai miei compagni con delle battute. Non è stato mai molto semplice, eppure una cosa per me era chiara: ero amato. Nasco con dieci nonni, a dire la verità, perché erano presenti e vive ben cinque generazioni, compresa la mia trisnonna. Sono quindi venuto al mondo in una famiglia con dei legami fortissimi, che è cresciuta insieme, che ha combattuto insieme. Un legame forte di affetto, di cuore, di amore. Una certezza di essere voluto e voluto bene.

E il movimento di Comunione e Liberazione come c'entra?

Quando ho incontrato quegli amici e attraverso di loro il carisma di don Giussani, ho finalmente compreso che tutto quel bene non era a caso, ma aveva un'origine, se possibile, ancora più grande: Gesù Cristo.

Come sai io sono figlio di una donna che era già del movimento quando sono nato; quindi, per me è sempre stato un contesto in cui ero stato già immesso prima che ne fossi consapevole. Ciò nonostante, anche io posso individuare un momento preciso in cui ho intuito che quella cosa non era più la vita di mia madre che arrivava anche a me, ma era una possibilità mia, qualcosa a cui dovevo dire di sì io e dietro alla quale stavo andando. Per me la scelta di aderirvi scattò ad aprile del '91, di ritorno da un raduno di ragazzi delle superiori a Rimini in preparazione alla Pasqua. Tu dove collochi nella memoria l'istante in cui lo hai incontrato?

Il 6 dicembre 1995, Esercizi spirituali di Comunione e Liberazione a Rimini. In quell'incontro con don Giussani si è reso evidente che tutto quello che fino ad allora avevo ricevuto era Cristo. Dove vai Saul? Perché perseguiti il mio popolo? Ed è stata chiara la chiamata, perché resisti a quello che io ti ho dato, Maurizio? Perché vuoi combattermi? Perché non ti lasci amare? Ed è stata una resa incondizionata. Da quel momento la fede, con tutte le difficoltà, con tutte le imperfezioni mie, è sempre stata lì, chiarissima, come è chiarissimo che la Madonna mi protegge attraverso tutto quello che faccio, anche quando capita, come nella vita è normale che accada, di sbagliare. Io continuo a essere un figlio discolo che però segue il percorso, che si abbandona totalmente a questo amore in tutte le sue forme.

Impressionante come entrambi ricordiamo il giorno in cui questa cosa è entrata nella nostra vita. Come gioca questa questione della fede nel tuo lavoro, in considerazione di quello che mi hai detto poco fa sull'essere amato?

Dare precedenza alla realtà rispetto alle idee. Anche nel lavoro, quando mi è stato chiesto di rinunciare alle mie posizioni aziendali per fare spazio ai miei cugini, l'ho fatto, senza nessun problema, perché il punto non è il potere, ma l'amore alle circostanze che ci vengono incontro come occasione per essere più noi stessi. Per iniziare a vivere pienamente e consapevolmente questo, ripeto, il punto di fondo è stato per me la scoperta della fede. Insieme a essa poi quelle tre «P» che restano fondamentali: la perseveranza, continuare a seguire i propri desideri, la pazienza, perché i tempi non sono i nostri e quindi bisogna accettare il fatto che ci possano volere anni – per diventare un diplomatico ci ho messo cinquant'anni, così come ce ne sono voluti cinquanta per diventare professore universitario, anche per ottenere l'OBE ci sono voluti cinquant'anni, è stato ed è un continuo lavoro. Infine la preghiera, che è la domanda continua a un Altro, chiedere a un Altro che sia fatta non la mia ma la Sua volontà. Trovo esemplificativa la storia della Bibbia nella quale la vedova ottiene giustizia per la sua perseveranza dal giudice corrotto.

Mi hai raccontato, altre volte, che nel corso di eventi, cene e momenti di incontro, regali ai tuoi ospiti un libro al quale siamo entrambi molto affezionati: Il senso religioso *di don Luigi Giussani.*

Per me è stato evidente dentro un'amicizia il palesarsi del volto di Cristo. Ed è stata questa amicizia con Cristo che mi ha sconvolto e mi sconvolge. Mi sono trovato ad andare nel mondo da solo, ma con Cristo, e con la frequentazione di Cristo dentro la Chiesa, ovunque questo fosse possibile. In Cina andavo alla messa della Chiesa cattolica di Stato. Alle mie figlie ho fatto frequentare i collegi cristiani, anche se anglicani. Perché Cristo è presente ovunque, sta a noi seguirlo, seguirlo nella forma che ci viene concessa, non in una ideologia strutturata a cui si può ridurre anche un gruppo di amici come il nostro. Tante volte il nostro gruppo di amici si è perso perché fissava la nostra amicizia e non il volto di Cristo presente in essa. Io sono stato mandato in giro per il mondo senza quegli amici, ma dove vado li cerco per frequentarli, pur sempre limitatamente e compatibilmente con i miei impegni, per quello che la circostanza presente mi concede. Un giorno, un'ora, una cena. E poi non è che in tutti i paesi sono stato libero di incontrarli per ragioni di contesto socio politico, ma è la coscienza personale di quello che uno fa a cambiarti. *Il senso religioso* continuo a regalarlo a tutti gli incontri che organizzo, sia come *chairman* del British Conservative, che come diplomatico, o quando organizzo un evento; ringrazio i miei ospiti regalando loro quel libro, perché è la modalità più intelligente di apertura del proprio cuore alla realtà. È un metodo di conoscenza, prima di tutto, una metodologia con cui uno conosce la propria vita e il mondo. Un libro essenziale per aprirsi a qualunque forma di conoscenza del reale. Come la Bibbia, come conoscere i filosofi antichi. Nelle tre premesse de *Il senso religioso* viene spiegato e dimostrato come quello religioso sia un «problema», passami il termine, che hanno tutti, la domanda che ognuno di noi porta incisa dentro. Così ho scoperto negli anni come la verità di quelle parole riecheggia in ogni cuore, indipendentemente dalla propria formazione, dall'educazione ricevuta, dalle proprie convinzioni. L'ho potuto riscontrare, per esempio, in Theresa May, in John Hayes, tutti sono rimasti sconvolti da questo richiamo potente perché vero. Non è in fondo quello che è successo a te e a me? Uno sobbalza quando si sente descritto dalle parole di uno sconosciuto che però sa di noi più di quanto noi sappiamo di noi stessi. Uno sguardo in grado di leggerci nel profondo, di descriverci con una tale precisione è solo la verità. Per questo regalo *Il senso religioso*, perché fa sobbalzare i cuori dicendo la verità di ciò che siamo e di come si fa a conoscere la vita.

***

La voce all'altoparlante chiama il volo di Maurizio. Ci dobbiamo salutare. Una stretta di mano e poi un abbraccio. Non usa tra noi, ma stavolta ci sta.

Infilo l'agenda nello zaino, il telefono nella tasca interna della giacca, mentre lui tira su il bagaglio a mano. Si incammina verso le porte scorrevoli che conducono agli imbarchi. Io faccio lo stesso, in direzione opposta, quella che prendono coloro che restano a terra. Poi un pensiero mi afferra le spalle. Mi volto e lo vedo ancora nel campo dei non partiti. Inverto la direzione di marcia e vado verso di lui con passo spedito:

Quella persona che mi dicevi che avrebbe potuto realizzare un partito conservatore italiano, l'hai poi trovata?

(Maurizio si volta e sorride, sapeva che la questione in sospeso era troppo solleticante per le mie orecchie. Lo sapeva, ma non ha fatto la prima mossa, aspettando che fossi io a chiedere. Mi porta in disparte...).

Chi ha vinto le scorse elezioni nel 2022 in Italia? Giorgia Meloni, mi pare, lo ha fatto con la sigla FDI - Partito Conservatore, e chi è il presidente dei Conservatori Europei?

Ma che c'entra? Ti chiedevo se tu avessi trovato la persona in Italia.

Ho incontrato Giorgia. Dopo le elezioni del 2018 ti dissi: la partita non è finita, devo incontrare una persona. Bene. Quella persona era lei.

Quindi hai incontrato la Meloni e l'hai convinta a fare i conservatori? (Aggiusta il colletto della giacca. Sorride).

Ci siamo incontrati *face to face*, nel suo ufficio in Parlamento, ambiente austero, ma carico di energia. Io e lei, l'unica leader che ha sempre avuto il coraggio di dire «no» a un'alleanza con il Movimento 5 Stelle, decisa a non scendere a compromessi pur di preservare i suoi valori e le sue idee conservatrici. In quei mesi tutti gli altri cercavano accordi facili per arrivare al potere. Lei no.

Altro?

Sai cosa le ho portato? Un omaggio simbolico, ma potente: il libro del Partito Conservatore del Carlton Club, autografato da Theresa May in persona. Le ho raccontato delle battaglie dei *British Italian Conservatives,* un'avventura che sapeva di passione e visione, proprio come quella che lei stava portando avanti in Italia.

Quanto sei stato lì?

Abbiamo parlato per circa trenta minuti, un dialogo intenso e cordiale, in cui ho potuto vedere la determinazione nei suoi occhi.

Insomma, vuoi farmi credere che l'hai convinta tu?

Non si è trattato di convincerla a fare qualcosa, aveva già in mente il suo progetto. Sapeva benissimo dove voleva arrivare e cosa rappresentare. Io ho solo contribuito a mostrare il parallelismo tra le nostre esperienze e le ho dato un piccolo incoraggiamento, un riconoscimento per il coraggio che stava dimostrando. Era il 2018, e tutto ha preso forma esattamente come sperava. Fratelli d'Italia ha preso il timone del conservatorismo in Italia, Giorgia Meloni ha vinto le elezioni nel 2022 diventando non solo Presidente del Consiglio, ma anche leader dei Conservatori Europei. È una testimonianza della forza delle sue convinzioni e di quanto a volte basti un incontro, uno scambio sincero, per comprendere che i progetti condivisi, pur se su fronti diversi, possono creare un'onda di cambiamento. E così avevo trovato la persona che avrebbe dato vita a un partito conservatore italiano.

Cosa ti ha colpito di più di quel colloquio?

La chiarezza delle sue idee. Abbiamo parlato di tante cose, di progetti e di visioni condivise, ma ciò che mi ha colpito di più è stata la sua determinazione a creare un partito libero dalle catene estremiste di destra. Un partito che rappresentasse gli ideali conservatori e che fosse al tempo stesso una forza moderata capace di guidare i valori dell'impresa, della persona e della patria verso il futuro. Un partito conservatore autenticamente italiano, non una semplice copia del modello britannico, pur avendone una sincera ammirazione. L'Italia aveva bisogno di un'identità conservatrice autonoma, qualcosa che potesse parlare davvero agli italiani, mi è parso che avesse chiaro questo.

A guardare come sono andate le cose c'è da dire che in effetti...

...che in effetti così è stato. Fratelli d'Italia è nato e cresciuto con questo spirito, lontano dagli estremismi, vicino ai valori della tradizione ma anche dell'innovazione. Giorgia ha costruito un partito in cui l'identità italiana è centrale, un conservatorismo che guarda al futuro senza dimenticare il passato – condannando anche il passato sbagliato e gli errori commessi – ma salvando i valori di libertà.

Quindi te lo chiedo ancora una volta: hai influenzato la formazione del partito?

No, Ale, non ho influenzato un bel nulla. Ho solo incontrato la persona che mi sembrava più adatta, qualcuno che aveva la visione, l'energia e il fiuto giusto per capire che c'era spazio per un partito conservatore italiano. Era già dentro l'emiciclo e sapeva benissimo cosa voleva fare. Non ho fatto altro che darle un libro e raccontarle una storia. Lei ha ascoltato, ha riflettuto e ha continuato la sua strada. Chissà, magari quel libro, con quella dedica, le ha dato un pizzico di ispirazione in più, ma questo non lo sapremo mai.

Non male per uno che a vent'anni voleva cambiare il mondo.

A vent'anni volevo cambiare il mondo, poi ho capito che per farlo dovevo cambiare io. Non serve fare gesti grandiosi, basta incontrare la persona giusta, lasciare una traccia, e poi lasciare che segua il suo percorso.

Dopo vi siete incontrati ancora?

Mi ha chiamato lei un anno dopo. Mi ha parlato del suo progetto di diventare presidente dei Conservatori Europei. Sono stato contento di sentire che era ancora su quella strada, che volesse con determinazione consolidare ulteriormente la sua posizione, dimostrando che quella visione non era solo un sogno ma una realtà.

Ale, non è proprio quello che dicevi sempre tu? Non serve essere al potere per fare la differenza, ma è importante fare del bene e sostenere chi ha una buona causa. Le cose buone tornano sempre indietro, lo sappiamo. Come dici sempre tu: una scintilla di bontà genera un altro gesto di bontà in risposta. E poi, tutti lo sanno… con Bragagni ci guadagni! Io porto fortuna, amico mio, sono un vero talismano! *The Talisman Team* – mi dice voltandosi un'ultima volta mentre si incammina verso il gate.

In una stagione, com'è questa, d'ipocrisia, di viltà, e di compromessi d'ogni specie, fa sempre onore, a un uomo o a un popolo, esser temuto e avversato.

CURZIO MALAPARTE

Opinione pubblica

Mi ha dato appuntamento qui, lungo le sponde del lago che un giorno qualcuno ha deciso di piantare tra i nostri paesi. Questo è uno dei posti che frequentavamo entrambi da ragazzi, pur con compagnie diverse. Con l'adolescenza venivamo su noi e con noi il lago cresceva, mese dopo mese, come un mistero che ci costringeva a fare i conti con lui. Una presenza ingombrante e assoluta, una profondità silenziosa. Uno specchio d'acqua artificiale, ma se non lo sapevi, per quanto era grande, mica te ne rendevi conto. All'epoca ci sembrava un mare, il nostro mare, per noi che ci muovevamo all'ombra degli Appennini. Un tempo qui, dove adesso domina un cielo capovolto sull'acqua, c'erano case sparse di contadini, ci giravano intorno gli animali, i bambini venivano buttati giù dal letto molto presto per andare a scuola nelle frazioni vicine; un campanile, che da qualche anno è stato inghiottito da quella massa d'acqua che ha invaso i campi. Io me lo ricordo quando da bambino, in macchina con mio nonno, venivo giù dalla montagna che porta in Romagna e si vedevano laggiù, come puntini nella valle, le ruspe che lavoravano a ridosso del muro di contenimento. «Un giorno lì ci sarà la diga più grande del centro Italia» mi spiegava lui promettendomi qualcosa di grande, e io pensavo che forse un giorno sì, ma adesso si vedevano solo cemento e ruspe. E il tempo che sembrava immobile. Ci vuole un grande coraggio, e una grande fiducia a vedere le cose prima che accadano, non basta l'intuizione. È una delle doti che la natura ha fornito a quelle persone che si mettono in imprese, se possibile, anche più grandi di loro, agli eroi, agli umili, ai santi. È il frutto di doti personali, di un cuore che non ha paura, ma anche di un'educazione che spinge a notare certi particolari minimi, apparentemente effimeri, che *già sono,* ma che non tutti riescono a cogliere.

In queste ultime settimane nel Regno Unito, appena passate le elezioni che hanno travolto la maggioranza Tory, sono esplose le rivolte popolari che alcuni leggono in chiave esclusivamente xenofoba e io non capisco quanto invece non ci siano anche altri elementi in gioco che, come sempre, vengono dai media gonfiati e fatti scomparire a seconda di cosa si vuole che passi. E poi qualche tempo fa, proprio sulla questione dell'immigrazione, Maurizio è stato attaccato pesantemente da alcuni giornali.

Mentre penso a queste cose, il cielo, da terso che era, ha iniziato a coprirsi di grigio dalla parte del lago che guarda a Pieve Santo Stefano, segno che forse fra poco arriverà un temporale estivo.

Il rumore di una macchina dietro la nuca mi avverte che un'auto è in arrivo.

L'auto rallenta fino a fermarsi sull'erba poco distante dalla mia. Si apre lo sportello e i primi a scendere sono due labrador retriever che corrono verso la riva.

Con mia grande sorpresa, Maurzio scende dalla macchina con la pipa in bocca. Pensavo che dai tempi dell'università, a differenza mia, l'avesse definitivamente accantonata. Mi spiega invece che quando passeggia per la campagna la fuma. A quel punto anche io estraggo la mia dallo zaino e inizio a caricare. Ho portato tabacco inglese, ma di norma *vado di Comune.* L'ho fatto pensando che ciò mi avrebbe avvicinato ancora di più al sapore *british* che il mio amico si porta addosso aiutandomi a immedesimarmi con i suoi racconti, ma mi sbagliavo. Mi dice Maurizio che la pipa sì, ma che come tabacco ci sbriciola dentro i sigari. Un po' spiazzato, accendo.

Curzio Malaparte, grande toscano, scrive: «In una stagione, com'è questa, d'ipocrisia, di viltà, e di compromessi d'ogni specie, fa sempre onore, a un uomo o a un popolo, esser temuto e avversato». Mi sembra che le accuse non manchino nemmeno nei tuoi confronti. Mi riferisco, per esempio, a quella di essere islamofobo. Ho letto un tuo intervento, che ha suscitato non poche polemiche. Hai posto questioni serie in merito alla società multiculturale inglese per la forte presenza di musulmani e per una mancanza di capacità di integrazione. Tra l'altro, quello che sta accadendo in questi giorni in Inghilterra, con le rivolte da parte di gruppi di estrema destra xenofoba e la risposta dura e inflessibile del governo Starmer, indicano anche una mancanza di capacità di lettura da parte della politica di un fenomeno che va al di là di un puro atteggiamento razzista.

Ho scritto di questo in tempi non sospetti, riportando fonti ufficiali sia del Governo che delle autorità britanniche. Ho scritto sugli effetti connessi alla presenza di immigrati nel Regno Unito, e l'ho fatto da immigrato. Per parlarti di questo però devo prima spiegarti un'altra cosa, come cioè funziona la vita politica nel Regno

Unito, perché è diverso rispetto a quello che accade da noi. Senza questa premessa non sarebbe possibile cogliere alcuni aspetti che sembrano sfumature e invece rappresentano punti nodali per leggere lo scenario. Nel sistema politico britannico il partito di governo non riceve fondi pubblici, ma soltanto fondi da donazioni. Questo, tra l'altro, è uno dei modi con i quali si può partecipare attivamente alla vita politica. Il partito di opposizione, invece, riceve il finanziamento dallo Stato, perché deve essere in grado di fare un'opposizione effettiva al partito di governo. Questo è il principio sul quale si basa la democrazia inglese. In base a esso risulta evidente che, fino a quando il partito di governo riesce rimanere collegato con più donatori possibili e ad avere il sostegno economico di questi gruppi, ciò vuol dire che è voluto dal popolo e continuerà a vincere; nel momento stesso in cui i donatori smettono di offrire il loro supporto, significa che le politiche che si stanno implementando sono contrarie al sentimento dei donatori, che sono i rappresentanti primi più vicini alle persone che lo hanno eletto.

Mi viene però da pensare che questo modo di finanziare la politica potrebbe portare a degli abusi e ricatti da parte di chi finanzia, in modo che chi riceve le donazioni alla fine finisce per «essere comprato». Ma forse è una visione distorta dovuta a costumi tipicamente italici...

Ovvio che ci sono anche aspetti che possono essere devianti, ma ci sono delle regole fatte apposta per bilanciare tutte le possibili derive. È il motivo per cui, per esempio, è regolamentato il tetto massimo delle donazioni o il fatto che queste debbano essere dichiarate pubblicamente. C'è poi da considerare un secondo aspetto...

...e cioè?

...che quella inglese è una democrazia *di presenza*, richiede un'attività molto fisica. Per fare il deputato ci vuole un fisico non da poco, deve essere in grado di reggere un grande sforzo. Innanzitutto dal lunedì al giovedì sera deve essere presente in Parlamento per le votazioni, e poi ti parlerò del voto. Poi, il giovedì sera parte per andare nella sua circoscrizione e il fine settimana fa un'attività di porta a porta incontrando la sua gente, portando i volantini, parla col suo popolo spiegando cosa ha fatto in Parlamento e soprattutto ascolta da loro cosa vogliono che sia fatto, come vivono, quali sono le loro problematiche per poi portare delle risposte. Per ogni loro problematica lui deve portare una soluzione. Deve occuparsi delle situazioni, essere presente. Ora, essendo Londra in fondo alla Gran Bretagna, per arrivare in tutte le *constituency* un deputato deve viaggiare molto, il che richiede come dicevo anche un intestino e uno stomaco forti. Deve sostenere lo stress dei viaggi oltre che quello della pressione politica. Quanto poi al voto in Parlamento, questo è un voto *fisico*. I deputati si alzano, vanno verso la porta nel corridoio, di destra o di sinistra dando la faccia allo *speaker* della Camera, a seconda che vogliano votare contro o a favore. Entrano dentro questi corridoi laterali, poi escono fuori e fanno vedere se hanno votato a favore del Governo o contro. Quindi, un voto più che palese. È un voto pesante. Lungo il corridoio ci sono negoziazioni e trattative in cui il politico parla col Primo Ministro, con il collega... tutta questa dinamica fa parte del processo politico democratico, ma tu devi essere presente in aula. Hai quindici minuti per correre dentro da quando suona la campanella che chiama il voto prima che vengano chiuse le porte dell'aula, e se arrivi tardi non voti. È un voto in presenza. Normalmente le votazioni avvengono durante il giorno e possono arrivare anche fino alla notte. Se un deputato vuole partecipare sia a degli eventi di *fundraising* che a incontri politici, deve avere un ristorante, oppure un club, in zona ed è il motivo per cui questi club si trovano tutti a quindici minuti di distanza in bicicletta o a piedi dal Parlamento. Perché una volta che chiamano il voto devi correre per arrivare in tempo all'interno alla Camera. È un voto fisico anche nel senso che è strettamente legato alla persona e al suo rapporto con gli elettori, un voto personale.

E l'anomalia che denunciavi? Non comprendo il nesso.

L'anomalia sta nel fatto che con l'ingresso – e lo si è visto nelle ultime elezioni – di gruppi ideologizzati su vari temi, in particolare su quelli legati ai gruppi islamici, accade che tanti elettori votino non pragmaticamente a seconda del deputato che conoscono, ma ideologicamente per sostenere un gruppo ben preciso che porta avanti i temi a cui sono ideologicamente e culturalmente legati. Così, tanti che fino alle precedenti elezioni avevano sostenuto i Laburisti, adesso hanno votato per i Verdi. Lo si è visto chiaramente dall'analisi del voto. La stessa BBC nel provare a sconfessare questa mia affermazione, diceva «No, guardate che la circoscrizione con la presenza maggiore di musulmani ha votato per il candidato indipendente, ex laburista, che era musulmano e si era presentato da solo». Invece, nelle ultime elezioni abbiamo visto il grande risultato del partito verde proprio perché i Verdi sono stati gli unici che hanno sostenuto Gaza contro Israele, gli unici che ne pretendono il riconoscimento. Il che dimostra che i gruppi musulmani hanno votato in maniera ideologica i Verdi provocando un risultato che nessuno si aspettava. Pensa che in questo Parlamento per la prima volta ci sono più di cinquanta deputati inglesi di origine musulmana. Quindi cosa si sta verificando? Che come i cattolici nell'Ottocento votavano un gruppo ben preciso, così ai nostri giorni accade che gruppi musulmani hanno votato i Laburisti fintanto che il Labour Party è stato vicino alle posizioni di Gaza contro Israele, ma quando i laburisti hanno iniziato a seguire la linea americana, e cioè a non condannare Israele, è prevalso il voto ideologico. Questo è il grande pericolo di un sistema democratico. Nel momento in cui in un sistema politico che è legato alla persona, al territorio, agli elettori, entra un voto ideologico di qualunque natura, si genera questa distorsione democratica. Ti faccio un esempio che riguarda l'Italia da poco unificata nell'età risorgimentale, l'Italia liberale sotto Giolitti. Il sistema era un sistema uninominale come quello britannico. La costituzione era lo Statuto Albertino, quindi una costituzione flessibile come quella britannica. C'era una monarchia con una camera britannica e in Italia andava benissimo. Subentrò il voto popolare e il voto proporzionale. Nacquero il Partito Popolare, il Partito Comunista, quindi partiti che rappresentavano non più l'interesse della circoscrizione, ma questioni ideali –

ideologiche. Così il parlamento finisce per rappresentare movimenti nazionali con degli obiettivi diversi. Il Parlamento, subito dopo la Prima guerra mondiale nel 1922, è un Parlamento in cui i liberali non riescono a governare, poiché c'era questo scontro tra i due partiti popolari e di conseguenza si aprì la strada all'ascesa del fascismo. Quindi, in forza di questa esperienza storica culturale, ho voluto raccontare il grande rischio dell'introduzione all'interno di un sistema uninominale dove si deve guardare alla persona, al cittadino, alla circoscrizione, al problema del tram, al problema della macchina, se c'è la linea telefonica, se non arriva internet, al problema dell'ospedale, al problema del fatto che la municipalità non cambia le lampadine e così via. Se entrano elementi ideologici esterni ultra nazionali, come l'istanza di voler vedere rappresentata la propria identità religiosa, come quella musulmana, lo ripeto, come già accaduto in Italia nell'Ottocento, non si vota più la persona.

Non pensi però che la politica non sia solo amministrare ma anche dare voce e corpo a questioni ideali? In fondo parliamo di partiti popolari e dobbiamo riconoscere che ci sono movimenti che traducevano in politica delle diverse visioni della società, dello stato e della storia. Il che non mi pare che sia da liquidare come una distorsione del sistema. Fammi capire meglio il tuo ragionamento, perché così non ti seguo; mentre se penso a ciò che fai...

Ma certo, la politica è anche visione e ideali, non solo amministrazione! Nessuno lo nega. È come in cucina: non basta il mestolo, serve pure la passione. Ma ammettiamolo, non è raro che alcuni politici, invece di preoccuparsi della «borsa della signora Smith» – ossia dei problemi concreti e delle bollette che non perdonano – finiscano a discutere del «sesso degli angeli». Sì, proprio così: mentre la gente si chiede se ce la farà ad arrivare a fine mese, loro dibattono su temi astratti, elevati, come se si fossero appena seduti all'accademia di Atene per chiacchierare con Platone. E la gente? Non capisce se ridere o piangere. Prendi Trump: ha capito che alla «borsa della signora Smith» non frega niente del sesso degli angeli. Lui si è buttato sulla spesa, sulle promesse di posti di lavoro e sulle tasse che fanno tremare meno le tasche. *Et voilà*, ecco che la popolazione lo ascolta, perché sa parlare dei problemi che davvero premono, con la stessa grazia con cui si lancia su un *fast food*. Quindi sì, capisco il fascino di discutere le grandi visioni della società, dello stato, e della storia. Ma ogni tanto sarebbe bello che, invece di contemplare i massimi sistemi, si ricordassero anche dei «minimi sistemi»: quelli che ci permettono di pagare la spesa, il mutuo, e magari anche un piccolo sfizio ogni tanto. Alla fine, un po' di idealismo va bene, ma solo se viene con un contorno di buon senso.

È questo sistema che per la terza volta consecutiva ha posto come sindaco della città di Londra Sadiq Khan, che non ha fatto nulla non perché lo dico io, ma perché ci sono prove come l'aumento della criminalità. Io stesso sono stato aggredito di fronte al consolato nel centro di Londra, ma in quel caso il mio bastone da passeggio mi è stato di grande aiuto, un ottimo argomento di deterrenza. La settimana prima un deputato è stato rapinato e gli è stato portato via il cellulare di fronte alla Banca d'Inghilterra; insomma fatti di criminalità ordinaria. Tanto che i negozi sono presidiati da *bodyguard* perché se uno entra e gli ruba un profumo da cinquanta sterline non viene nemmeno perseguito. La gente entra, ruba la merce e va via perché tanto nessuno dice niente. E tutto questo è documentato. Questa è la situazione che ha consentito la rielezione del sindaco di Londra, perché un gruppo ideologicamente identificato ha votato non chi fa ma chi rappresenta un elemento di rivendicazione culturale ideologica.

Capisco quello che dici, però è anche vero che queste modificazioni nel tessuto sociale ci sono e non si possono cancellare.

Questi gruppi stanno approfittando del sistema federale inglese che non è pronto a gestire queste realtà organizzate che si stanno affermando sempre di più come si è verificato ultimamente. I radicali poi generano la risposta violenta di una parte della classe silenziosa che ha paura e che quindi preferisce il ripristino dello *status quo* anche con la forza. Per questo ci sono manifestazioni di intolleranza. E la stampa non è in grado di interpretare questo disagio e non va fino in fondo. Anzi, come hanno fatto con quel mio articolo, estrapolano dichiarazioni in maniera pretestuosa.

Sempre di questi giorni, un articolo del filosofo inglese Roger Scruton ha ribadito il totale fallimento di un approccio multiculturale a priori, segno più di una debolezza delle società occidentali che non di una reale volontà di integrazione. Nel tuo intervento incriminato hai mosso accuse al partito Labour di portare avanti una visione di società in netto rifiuto dei valori giudaico cristiani sui quali si è fondata la società e la cultura europea, consentendo così di indebolirsi sé stessa e a permettere a nuove culture di prendere il sopravvento.

Parto da un retroscena legato agli attacchi che ho ricevuto, perché si inseriscono in un quadro più ampio e complesso. Mi riferisco all'episodio legato alla nomina a Cavaliere della Repubblica di San Marino di Theresa May e Jeremy Hunt.

Questo riconoscimento è una ulteriore dimostrazione dell'amicizia che c'è tra me e Theresa e tra me e Jeremy, all'epoca entrambi esponenti del partito di governo. I giornalisti volevano attaccare, intenzionalmente, Theresa May e Jeremy Hunt, cercando di creare uno scandalo sul fatto che avevano accettato questa onorificenza da un paese straniero; nota bene, accettata con l'assenso della Corona. Non trovando, perché non c'era, alcun elemento di scandalo, hanno dovuto cercare un appiglio sul fatto che avevano accettato la nostra ospitalità: quanto era costata questa ospitalità? L'illazione consisteva nel dire che avevano fatto una vacanza fuori dal Regno Unito a spese di qualcuno che aveva offerto loro questa ospitalità. Quando i giornalisti mi hanno contattato, naturalmente, come Repubblica di San Marino non abbiamo risposto perché siamo uno stato sovrano e non dobbiamo dichiarare a nessuno come e quando i nostri ospiti vengono ricevuti, né quanto spendiamo per accoglierli. Essendomi rifiutato di rispondere, così, hanno voluto attaccare me; non potendo attaccare il fatto che avevano ricevuto un'onorificenza, consentita dalla Regina, non potendo attaccare il fatto che avessero usato fondi pubblici, perché non avevano usato fondi pubblici trattandosi dell'ospitalità di San Marino, non sapendo come e quanto denaro fosse stato speso. Non avendo uno stralcio di risposta con qualche particolare piccante che si aspettavano di divulgare, hanno scelto di attaccarli indirettamente dichiarando che è stato il Console di San Marino che gli aveva conferito l'onorificenza; falso, perché le onorificenze le conferisce la Reggenza Hanno voluto mettere sulla graticola me per attaccare il Cancelliere dello Scacchiere e l'ex Primo Ministro del Regno Unito, creando un caso che non c'era. Il metodo è sempre valido: quando non c'è nulla di cui discutere, si crea un caso. Come? Andando a investigare su ciò che un personaggio pubblico – il sottoscritto, in questo caso – ha detto in maniera libera, citando tra l'altro fonti governative, su un tema caldo e divisivo. Questa è la storia che sta dietro a tutta quella vicenda, il retroscena.

E veniamo al dunque.

I fatti che citavo riguardano un voto ormai divenuto fortemente ideologico, fomentato anche perché dentro il Partito Laburista, ai tempi di Corbyn, si consentiva un atteggiamento antisraeliano molto forte. Tant'è che alcuni deputati, alcuni membri del Partito Laburista di origine ebraica, avevano paura di partecipare al congresso del partito per il timore di essere aggrediti da questi gruppi. Il resto lo si vede nelle manifestazioni per le strade inglesi oggi. Ci sono gruppi che a volte fanno paura, sia in sostegno a Gaza, sia contro di essi come reazione dell'estrema destra. Estremizzazioni che prevedono l'uso della religione per fini politici, perché Hamas è un'organizzazione nazista, non ce lo dimentichiamo. Quindi, di nuovo, stiamo facendo i conti con due estremismi di destra. Da un lato, chi sostiene Hamas sfrutta l'elemento religioso per andare a sostenere una visione politica nazista; dall'altro, l'estrema destra, che è contro questo regime nazista, usa le stesse modalità dei fascisti dell'estrema destra.

Non mi scappare dal multiculturalismo...

Quello che 5-6 anni fa ho dichiarato come enorme pericolo per la democrazia, è che il multiculturalismo non ha funzionato. Parliamo di un processo in cui uno rinuncia ad affermare in maniera chiara e netta quali sono le proprie origini, qual è il proprio senso di appartenenza, chi si è. La nostra è una società giudaico-cristiana. In fondo, se ci pensi bene, anche nel caso precedente di San Marino, l'oggetto del contendere erano le due onorificenze consegnate a Jeremy e a Theresa: due cavalierati. Il cavaliere era colui che combatteva per la croce di Terra Santa. Questa è l'origine del cavaliere, infatti ancora oggi tutti i paesi europei hanno come loro massimo grado di riconoscimento il cavalierato. Sono delle croci che ci rappresentano. La nostra cultura e la nostra origine è un ebreo messo in croce. Una realtà giudaico-cristiana, ecco cosa è l'Europa. Nel momento in cui questa prerogativa viene meno, nel momento in cui si consente a gruppi estremisti di ogni genere di fomentare l'odio verso una delle due componenti, giudaico e/o cristiana, attraverso l'insegnamento nelle casbe o nelle moschee del *Mein Kampf* o di qualunque altro elemento di odio, è evidente che non si rispetta quello che è il fondamento costitutivo: una società basata sull'amore e, di conseguenza, sul rispetto. Io ho denunciato il sorgere di una società dell'odio che sta esplodendo. Non possiamo ricorrere alla tolleranza, perché vuol dire lasciar fare. Se si permette a uno di parlare male di un altro, di usare l'odio, di imbracciare elementi di contrasto di un gruppo contro un altro, andiamo a minare e a lasciar distruggere la nostra società.

In un altro tuo intervento sostieni che la ricetta per uscire da questa impasse, governando il fenomeno, sta nell'educazione...

Il tema vero è cosa significhi educare. Io ho ricevuto un'importante medaglia dal ministro Notti per il mio impegno verso la Grecia per il sostegno all'immigrazione, per un aiuto alla gestione dei flussi migratori. In questi giorni stiamo assistendo nel nostro paese a un dibattito ridicolo. Non vogliamo consentire a ragazzini che sono nati qui in Italia, che si sono formati, che sono stati educati nel sistema italiano, su cui noi abbiamo investito tantissimi soldi, perché il sistema educativo italiano costa miliardi, di diventare cittadini italiani. Ragazzini che hanno lasciato il loro paese – pensiamo ai giovani che vengono dal Marocco, dalla Libia, dall'Egitto, dalla Macedonia, da paesi che non sono europei – che sono nati da cittadini non europei e che quindi non hanno il passaporto europeo e di conseguenza nemmeno quello italiano, che nascono, vivono, crescono in Italia, ma all'età di diciotto anni non possono fare il servizio militare perché non sono cittadini di questo stato. Se vengono assunti, per esempio, in un tabacchino non possono consegnare le sigarette perché soltanto i cittadini europei possono farlo per legge. Quindi, anche un ragazzino che viene assunto, un uomo o una ragazza che vengono assunti da un tabaccaio non possono dare le sigarette perché non sono cittadini europei. Queste persone da subito iniziano a realizzare che non sono più figli dello stato da cui sono originati, non sono più egiziani, per esempio. Parlano sicuramente la loro lingua natale, ma con qualche errore. Come io parlo l'inglese con un accento italiano, loro parlano la propria lingua madre con un accento italiano. Quindi non sono né carne né pesce. E questo paese gli dice che non sono suoi cittadini.

Immagino che tu parli anche a partire dal fatto che tu stesso sei un immigrato.

Io l'ho vissuto personalmente. Se non c'è una forma in cui tu ti puoi sentire parte di quella nazione… capisci? Noi in Inghilterra abbiamo investito tantissimo, come impresa, come famiglia, abbiamo costruito un'azienda, ma alla fine abbiamo ottenuto la cittadinanza. Cioè, alla fine di un percorso in cui ho lavorato, ho guadagnato, ho contribuito, ho pagato le tasse, i miei figli non dovrebbero essere parte di questa società? Si sentono, così, discriminati. La loro unica possibilità sarebbe quella di tornare indietro, ma per tornare indietro dovrebbero essere radicali, essere ancora più egiziani, marocchini, algerini di quelli che sono rimasti lì e non sono mai partiti. In questo modo diventerebbero dei personaggi pericolosissimi, una fonte di contestazione e a rischio di radicalismo, di intolleranza, di estremismo, facili prede per chi li vuole usare per trasformarli in dei potenziali nemici della nostra società. Al contrario, permettere loro di ottenere la cittadinanza dovrebbe essere un nostro dovere, disinnescando al contempo questo pericolo. Li abbiamo fatti entrare, i loro genitori hanno contribuito all'economia del paese, hanno pagato le tasse, hanno studiato, si sono diplomati, hanno fatto quindi un percorso di studi, parlano l'italiano, sono di fatto parte della società. Questo è essere veramente inclusivi. Riconoscere che alla fine di un percorso, che deve essere normato, vieni riconosciuto come italiano. Questo è ciò che intendevo, che l'educazione è fondamentale per integrare. Nel momento stesso in cui questi ragazzi conoscono Dante, Petrarca, la nostra storia, diventano parte di essa.

Non ti sembra però che non tutte le forme di migrazioni siano uguali, e che ci siano gruppi che al contrario di quello che dici tu non vogliano in realtà integrarsi con le società in cui si trovano a vivere?

No, non tutte le migrazioni sono uguali, questo è certo. Ma non si può dire che siano i migranti in quanto tali a rifiutare l'integrazione. Le circostanze, le condizioni sociali, storiche ed economiche spesso determinano se e come avviene un'assimilazione. Se guardiamo alla storia, troviamo innumerevoli esempi di popoli che si sono spostati, inizialmente scontrandosi con le culture locali, ma che col tempo si sono mescolati e integrati.

Prendiamo i Dori, per esempio. Durante l'età del ferro, scesero verso la Grecia devastando i regni micenei. Alcuni di loro si stabilirono nella regione di Sparta e crearono uno dei sistemi sociali più abominevoli dell'antichità, dividendo rigidamente la società tra gli *spartiati*, la classe dominante guerriera, e gli *iloti*, popolazione locale ridotta a una schiavitù crudele. Questo regime brutale era mirato a mantenere una società militarizzata, isolata e chiusa – ma questa era una scelta politica e non una «caratteristica» dei Dori come migranti. Le circostanze crearono le condizioni per questa forma di segregazione.

Un altro esempio, questa volta in Italia: i Longobardi, popolo di origine germanica che discese in Italia nel VI secolo d.C., all'inizio portando una scia di distruzione, invasero territori, uccisero e presero possesso delle terre locali. Eppure, nel giro di qualche generazione, iniziarono a convertirsi al cristianesimo e a integrarsi con i Romani e gli altri popoli che abitavano la penisola, adottandone costumi, lingua e cultura. I Longobardi, che inizialmente sembravano inesorabilmente «altri», finirono per assimilarsi al punto da essere parte del tessuto italiano, fino a diventare indistinguibili dalla popolazione locale. Un esempio emblematico di popolo migrante che ha attraversato millenni e continenti sono gli ebrei. La storia degli ebrei è, infatti, una lunga e complessa narrazione di esili, migrazioni e dispersioni. Fin dai tempi biblici, gli ebrei si sono spostati per necessità, persecuzioni o per cercare condizioni di vita migliori. Eppure, in ogni luogo in cui si sono stabiliti, hanno portato con sé una straordinaria capacità di adattamento e una forte identità culturale che, lungi dal farli rimanere isolati, li ha spesso resi parte integrante delle società ospitanti. Basti pensare alla diaspora successiva alla distruzione del Tempio di Gerusalemme nel 70 d.C. Da quel momento, gli ebrei si dispersero in tutto il mondo conosciuto: dalla Persia all'Europa, dall'Africa del Nord fino alla Spagna, creando comunità fiorenti. A Baghdad, in Spagna durante il Medioevo, o nell'Europa centrale, le comunità ebraiche contribuirono alla vita intellettuale, economica e culturale dei luoghi che li ospitavano, spesso diventando indispensabili per i mercati e le istituzioni locali. La cultura sefardita spagnola, per esempio, rappresenta una delle epoche più brillanti di fusione tra cultura ebraica, araba e cristiana, dando vita a un periodo di enorme ricchezza culturale e intellettuale. La stessa cosa avvenne nell'Europa dell'Est, dove gli ebrei ashkenaziti svilupparono una propria cultura unica, contribuendo alla vita economica e sociale, ma mantenendo anche una forte coesione interna. In molti di questi casi, furono le circostanze esterne – come le leggi discriminatorie o i *pogrom* – a impedire un'integrazione completa. Tuttavia, anche in condizioni di emarginazione o difficoltà, gli ebrei trovarono spesso modi per contribuire e integrarsi nelle società ospitanti, mantenendo al contempo una propria identità culturale. In epoche più recenti, come durante la grande migrazione verso gli Stati Uniti all'inizio del XX secolo, milioni di ebrei fuggirono da persecuzioni e povertà in Europa orientale per cercare nuove opportunità. Negli Stati Uniti, si integrarono rapidamente, contribuendo allo sviluppo economico, culturale e scientifico del paese. Da immigrati svantaggiati, molti ebrei americani diventarono dei pilastri della società, preservando al contempo la propria cultura e il legame con le loro tradizioni. Gli ebrei sono quindi un esempio di un popolo che ha attraversato e superato innumerevoli sfide migratorie, mostrando che l'identità e la tradizione non sono necessariamente un ostacolo all'integrazione.

Insomma, la storia dimostra che, nonostante iniziali difficoltà e resistenze, i popoli si mescolano e si influenzano a vicenda. Ci possono essere casi in cui le circostanze – politiche, economiche o militari – ostacolano l'integrazione, ma alla fine, nel corso del tempo, le migrazioni arricchiscono e trasformano le società, portando a una fusione e a un mutuo arricchimento culturale.

Certo, c'è sempre l'eccezione, dobbiamo esserne coscienti, ma non dobbiamo essere noi la causa della loro mancata integrazione. I fenomeni di immigrazione globale esistono da sempre e chiunque abbia cercato di fermarli, alla fine è crollato. È crollato l'impero cinese, che ha costruito una bellissima muraglia che poi i mongoli hanno scavalcato, è crollato l'Impero Romano, che ha costruito il *limen* che poi i barbari hanno scavalcato. Le società che invece hanno incluso e hanno consentito a chiunque di poter realizzare il proprio sogno, come la società americana, sono diventate le grandi potenze del mondo. Una società che non consente l'inclusione dell'immigrazione è una società destinata a essere schiacciata dai movimenti mondiali. E questo la storia ce lo dice di nuovo, è la storia. Per questo parlo di educazione. Qui mi sembra che a mancare sia soprattutto la conoscenza storica e quella dei fenomeni migratori; un fenomeno dovuto a mille motivi, all'innalzamento del livello del mare, al cambiamento del clima, a motivi socioeconomici, a motivi sociali. Esistono da sempre. Durante il Medioevo c'erano movimenti migratori continui che però venivano consentiti, non erano un problema. Oggi lo si vede soltanto perché chi sta entrando, in particolare in Europa, viene da culture completamente diverse dalla nostra e porta con sé problematiche che non abbiamo mai affrontato; come quella legata alla concezione e al ruolo della donna: che l'uguaglianza tra uomo e donna in alcune culture ancora non viene riconosciuta. Eppure, anche per la cultura cattolica e cristiana, se noi leggiamo il catechismo della Chiesa Cattolica, si stabiliva che una donna all'età di quattordici anni poteva sposarsi. Poi la legge ha stabilito che no, servono diciotto anni. Però anticamente esistevano persone che si sposavano a quattordici anni con gente adulta. C'era il matrimonio per posta, un matrimonio tramite un rappresentante, la bambina continuava a rimanere a casa dei suoi genitori fino alla maturità e poi dopo andava dal marito. Anche da noi esistono questi tipi di matrimoni, ancora oggi. In molti stati americani ci sono matrimoni di minori. Alcune culture ancora lo consentono e questo non è concepibile per noi. È un elemento di contrasto enorme ed è evidente che se vogliono vivere nel nostro paese devono accettare, come noi cattolici abbiamo dovuto accettare che il matrimonio non è più stabilito secondo gli antichi canoni della chiesa cattolica all'età di quattordici anni, così anche la chiesa cattolica ha poi stabilito, con le sue leggi, che il matrimonio deve essere libero, non organizzato dai genitori e senza l'obbligo di una dote. Questi elementi devono essere chiari. Si vienequa perché si vuole vivere la libertà europea, questa libertà va difesa a qualunque costo. La difesa si fa impedendo l'intolleranza, cioè, impedendo la cultura dell'odio, l'educazione nelle moschee, nei templi, nelle chiese, qualunque educazione all'odio. Questo è di fondamentale importanza perché se si viene in Italia o in Europa si deve insegnare con la lingua europea del luogo, non con la lingua di origine. Come noi abbiamo dovuto abbandonare il latino, bisogna abbandonare qualunque lingua che non sia quella del popolo di arrivo. Questa era ed è la mia analisi di ciò che è successo. Se vogliamo continuare a crescere e a difendere la libertà che abbiamo conquistato in millenni della nostra storia, della nostra cultura cristiana, bisogna che sia noi, che chiunque viene nei nostri territori, viva e respiri questa libertà. Infine dobbiamo essere anche chiari e netti sul fatto che se queste libertà venissero messe a rischio, noi saremmo in grado di agire con i mezzi necessari concessi da tali libertà per la loro difesa.

Sempre in merito agli attacchi che hai ricevuto, mi ha sorpreso constatare come i principali accusatori siano state frange del Partito Conservatore. Cos'è, si è rotto l'idillio?

Il Partito Conservatore, nel mio caso, per quella vicenda ha fatto come Ponzio Pilato: nel momento in cui un giornale mi ha attaccato, ha preso le distanze; ma io sono rimasto nel partito. Questo fa parte del gioco di botta e risposta. Mi dà un po' fastidio, come puoi immaginare. Per la verità, mi dà molto fastidio, ma fa parte del gioco con questa che si definisce «stampa». Invece di dire «quello che Bragagni ha affermato è basato su queste o quelle fonti, è la verità», hanno preferito semplicemente non compromettersi, non avere rotture di scatole. Dal canto mio non ho voluto proseguire con questa battaglia, perché come tutte le persone civili di questo mondo, mi sono reso conto che forse, dicendo quello che ho detto, potevo aver offeso qualcuno, in particolare mio amico Mostafa Mohamed. Così ho chiesto scusa dicendo che ero dispiaciuto se quello che avevo scritto aveva offeso qualcuno. Vedi, una persona seria anche se dice una verità, se dice, per esempio, che sei calvo – perché sei calvo, non fare finta di non esserlo – e si rende conto che quel tuo aspetto ti danneggia, e ricordarti che sei calvo ti nuoce, allora deve chiedere scusa. E io l'ho fatto. Non ho voluto fomentare discussioni inutili che avrebbero solo portato altri fraintendimenti, a immettere nel sistema ulteriore odio. Ho chiesto scusa, ho continuato a fare quello che dovevo fare. Anche perché si stava verificando, soprattutto sui giornali che avevano rilanciato questi articoli, come il *Telegraph* e il *Times*, che i commenti dei lettori e degli abbonati erano quasi tutti a favore di quello che avevo affermato, anzi, mi davano pieno sostegno. Si stava creando un gruppo di supporto a ciò che avevo detto e questo movimento stava degenerando assumendo una linea offensiva. Io però non volevo fomentare un bel niente, mi ero solo limitato a fare l'analisi della situazione. E che tipo di situazione stavo denunciando con il mio ragionamento? Il fatto che, come nell'Ottocento si era formato all'interno del sistema politico il Partito Socialista per la classe lavoratrice, e poi questo, incrementato dall'ideologia comunista di Marx aveva dato origine al comunismo e all'Unione Sovietica, con Stalin e tutto quello che ne è conseguito; così come si è verificata una dinamica analoga con la presenza dei cattolici in politica attraverso il Partito Popolare con il successivo ingresso, come reazione all'estremismo di sinistra, dell'estremismo di destra con la nascita del nazismo in Germania, del fascismo in Italia e del franchismo in Spagna; così noi stiamo correndo il grande rischio di tornare a un imbarbarimento. E io non ho intenzione di fomentare né l'uno né l'altro. Le manifestazioni di questi giorni ne sono la testimonianza più evidente. Non ci voleva molto a prevederlo, bastava aver studiato un po' di storia. Come ha detto Cicerone nel *De Veritatis* «*Historia vero testis temporum, lux veritatis, vita memoriae, magistra vitae, nuntia vetustatis*» (La storia in verità è testimone dei tempi, luce della verità, vita della memoria, maestra di vita, messaggera dell'antichità), essa annuncia i tempi passati ma ci insegna a capire quello che sta per avvenire. La non conoscenza della storia è un pericolo enorme che comporta la ripetizione degli stessi errori. Solo che adesso sono mutate le condizioni e le armi di distruzione di massa sono più potenti e generano un numero di morti infinitamente superiore al passato.

Alcuni danno maggior importanza alla ricchezza, altri alla buona salute, altri al potere, altri agli onori, molti anche ai piaceri. Questi ultimi sono di certo propri delle bestie, le altre cose caduche ed incerte, poste non tanto nelle nostre volontà, quanto nella volubilità del caso. Coloro invece che ripongono il sommo bene nella virtù, certo fanno benissimo, ma questa stessa virtù genera l'amicizia e la mantiene e senza la virtù non vi può essere in nessun modo amicizia.

Cicerone

Un grande amico

Pronto? Sono io.

Dimmi.

Scusa se ti chiamo ora, ma c'è una questione che devo chiarire. Tu mi racconti sempre del fatto che conosci Primi Ministri presenti e passati del Regno Unito, e su questo non ho dubbi, ci sono tanti documenti che provano le tue frequentazioni del «palazzo»; però ogni volta che lo fai te ne esci con quella parola che non è proprio immediato associare a certi tipi di rapporti istituzionali: amicizia. Io per quello che so essere l'amicizia, se penso per esempio al rapporto che lega noi due, non è che capisco molto bene questa cosa di essere amico con personaggi di quel calibro e di quel livello? (Forse ho sbagliato a chiedergli questa cosa in modo così diretto, forse ho sbagliato anche l'ora, ma so che chiamarlo alle undici di sera sarebbe stato l'unico modo per trovarlo libero. Però questo tarlo mi gira in testa da quando Maurizio ha iniziato a raccontarmi le vicende legate agli anni alla sua presenza in Inghilterra. Tanto prima o poi la cosa doveva venire fuori). *Siamo amici, o no? Bene, se lo siamo allora dimmi di più su queste tue amicizie. Parlo dei Primi Ministri.*

Ho avuto il privilegio di conoscere cinque di loro – attacca Maurizio che non sembra affatto sorpreso dalla domanda, né dal fatto che lo stia chiamando a quest'ora insolita; con Cameron, all'epoca c'era un doppio governo di coalizione, e il suo *deputy*, Nick Clegg del partito avversario, era come se fosse un primo ministro. Theresa May, Boris Johnson, Liz Truss e oggi Keir Starmer. Posso dirti che ho avuto il privilegio di incontrare Nick Clegg, come sai, perché venne a inaugurare la mia fabbrica a Mosley e mi scrisse quella bellissima lettera per ringraziarmi dell'ospitalità che aveva ricevuto. Ti ricordi cosa ti dissi su questo? Fu grazie a quell'incontro e a quello che mi disse mentre gli facevo visitare la fabbrica, invitandomi a non abbandonare il mio paese di origine, che io poi decisi di impegnarmi in politica con il referendum Renzi nel 2017 e alle elezioni politiche del 2018. Grazie anche a questo incontro mi è rimasto questo legame così forte con la madre patria. Ci fu questa occasione e pochi altri momenti in cui ci siamo visti, ma ammetto che è stata una persona che ha inciso su quello che sono oggi. Sicuramente ha contribuito nel farmi prendere ancora più coscienza di un impegno politico e civile, che poi si è sviluppato anche qui in Inghilterra, e che prosegue oggi verso questo paese. Cameron invece non l'ho conosciuto da Primo Ministro, non c'è stato tempo, era già in uscita per via di quello sciagurato referendum sulla Brexit e vicino al crollo. L'ho conosciuto come Ministro degli Esteri e ho avuto l'opportunità di parlarci in diverse occasioni, in particolare per la questione delle mie figlie, una frequenta la *Teddies*, St Edward's School a Oxford, l'altra la Felsted School. Gliele ho presentate, abbiamo avuto modo di stare con lui e rimane sicuramente una persona, sia in pubblico che in privato, molto carismatica. Una persona ben educata che però all'epoca aveva poca conoscenza del sistema costituzionale britannico e della storia, non comprendendo che, nel momento stesso in cui uno promuove un referendum di quel tipo quello diventa un referendum a favore o contro di sé. Ne abbiamo già parlato: lo stesso errore di Matteo Renzi.

Theresa May.

Con Theresa May c'è stato un rapporto lungo. L'ho conosciuta quando era Segretario *Home Office*; ho avuto il piacere di essere al suo fianco in varie occasioni dentro il Partito Conservatore sostenendo la sua campagna e la sua *leadership*. Tra noi è nato un rapporto di grande stima: lei sa chi sono io, io so chi è lei. Una stima tale che quando c'è stato bisogno di aiuto per San Marino me l'ha dato. E San Marino le ha riconosciuto il grandissimo privilegio di diventare Cavaliere dell'Ordine Sant'Agata di Gran Croce. È venuta anche a San Marino e ho avuto modo di cenare con lei in più occasioni, ci sono stati bei momenti in cui lei è stata molto cortese. Ho sempre ammirato questa sua tenacia, questa sua determinazione nel servizio, di fedeltà al dovere. Lo scrive nel suo libro, che resta una bellissima analisi anche della sua vita. Figlia di un vicario, quindi di un pastore, fin da bambina ha compreso che qualunque cosa dicesse avrebbe potuto essere interpretata come se quella fosse la posizione della Chiesa. Per questo motivo ha imparato a pesare sempre le sue parole. Una persona al tempo stesso libera, e la libertà è fondamentale in un rapporto d'amicizia. È anche molto simpatica, con un grande *sense of humor* nel privato. Poi, il fatto di essere sempre stata un personaggio pubblico oltre a quello che ho detto prima, le ha imposto una certa attenzione nel dare amicizia e nell'esprimersi per evitare fraintendimenti, ma per chi ha la fortuna di conoscerla nel privato resta una donna con una personalità eccezionale. Ci sono tantissimi esempi a sostegno di ciò, per esempio mi ricordo quando per Esharelife organizzavamo le cene di raccolta fondi e di sensibilizzazione – a quel tempo erano le prime cene ed era ancora tutto da costruire – lei era sempre disponibile a mandarmi una bottiglia di champagne con la sua firma e una sua dedica perché io la potessi battere all'asta. Ricordo un incontro a Roma o quando tenne uno *speech* a Firenze, io ero in prima fila a guardarla, a sostenerla e dopo, quando l'ambasciatore arrivò e disse: «le presento il dottor Bragagni» e lei rispose: «non mi deve introdurre Maurizio, Maurizio lo conosco bene», fu un grande segno di stima, di affetto. In altre occasioni mi ha manifestato attenzione dicendo che Maurizio era l'italiano più famoso in Inghilterra. Capisci, è una questione di affetto che questa persona ha nutrito verso di me leggendo nel mio operare una fedeltà e un aiuto alla nazione britannica. E anche grazie a questo se in seguito mi è stato conferito l'Ordine dell'Impero Britannico.

Poi c'è Boris…

…sicuramente un altro personaggio, più fisico, più carnale: Boris è uno che mi conosce bene. Una volta ero in fila all'aeroporto di Londra-City. Arriva lui e gli dico «Ciao». Lui mi fa «Ciao Maurizio, come stai, dove vai?». E la gente gli faceva *boo boo* per via della Brexit, e lui rispondeva «grazie, grazie». Grazie perché questa è la democrazia. Boris è un personaggio così, un animale politico, uno che si butta nella campagna elettorale, che la sa vincere, che combatte. Gli piace il confronto, la lotta. Uno che se vede un giornalista che sta intervistando un deputato dell'opposizione gli si avvicina cercando lo scontro in modo tale da fargli perdere la pazienza per poi vincere. Una personalità unica, è stato lui che mi ha conferito l'Ordine dell'Impero Britannico ed è sempre lui che appena l'ho ricevuto mi ha mandato tempestivamente una lettera di congratulazioni. Ci sono moltissime lettere sia tra me e Theresa che tra me e Boris ed è qualcosa che mi ha sempre commosso.

Liz Truss? Come vedi ti sto aiutando a tenere il conto.

Liz Truss è stata una meteora che ho aiutato a diventare Primo Ministro perché in quel momento credevo che servisse qualcuno che non avesse tradito Boris, come aveva fatto Rishi, e che avesse chiaro ciò di cui il popolo britannico aveva bisogno. Con il senno del poi è evidente che abbiamo eletto una persona che non era pronta per quel ruolo e che si è circondata di un *cabinet* non all'altezza del mandato.

E così, dopo pochi giorni è stata la volta di Rishi.

Rishi invece non ho avuto la fortuna di conoscerlo bene. L'ho incontrato diverse volte, è vero, ma non posso dire di conoscerlo abbastanza, cioè, non posso dire che siamo amici. È sicuramente una persona molto intelligente, un calcolatore, ma come quasi tutti non ha saputo capire i tempi che stavano cambiando. Quando a maggio scorso ha indetto le elezioni ne abbiamo avuto la dimostrazione. Come è andata è cronaca che passerà alla storia.

Fin qui possiamo dire che il gioco è stato facile, abbiamo sempre parlato di Primi Ministri del Partito Conservatore. Anche se sappiamo che all'interno ci sono più correnti, il gioco è più semplice. Adesso però, con il tracollo dei Tories ti ritrovi ad avere un Primo Ministro Laburista. Che rapporti hai con lui?

Keir Starmer l'ho incontrato tre volte. Non lo conosco molto. Uno di questi incontri è avvenuto al funerale della Regina dove mi trovavo con i miei Capitani Reggenti; c'era anche l'attuale Cancelliere dello Scacchiere. Mi fu presentato questo Keir Starmer come il futuro Primo Ministro della Gran Bretagna. Chi lo sosteneva aveva ragione, però lo andava ripetendo con una spocchia che non mi parve molto opportuna, soprattutto per il contesto in cui ci trovavamo. Vedremo quello che combinerà.

A proposito di questo, mi hai anticipato. La prossima domanda che avevo in mente di farti era proprio riguardo al funerale della Regina. Sono abbastanza sorpreso dal fatto che tu vi abbia potuto partecipare, in fondo anche qui, come è stato nel caso della COP26, i posti dovrebbero essere molto limitati e riservati, se non sbaglio lo stesso presidente degli Stati Uniti era accompagnato solo da un'altra persona. Anche qui hai giocato la carta San Marino e dei due Capitani Reggenti?

L'8 settembre, sapendo dell'aggravarsi delle condizioni della Regina, mi recai presso St Paul. In qualità di ufficiale del *British Empire*, ho accesso alla cappella privata riservata agli ufficiali. È lo stesso luogo in cui ricevetti questa nomina, proprio da lei. Mi trovavo lì, stavo pregando per la Regina, quando mi fu ufficialmente comunicata la sua morte. 8 settembre, nel giorno in cui la Chiesa celebra la nascita della Vergine Maria. Mi trovavo in procinto di andare in Parlamento, ma non mi fu consentito l'accesso poiché era scattata l'operazione *London Bridge is Down*, che come sai annuncia la morte della Regina e la proclamazione del nuovo Regno.

Cosa ti ricordi di quella giornata?

Partecipare a un funerale di stato è un'esperienza molto fisica e faticosa. Innanzitutto, si è soggetti a una serie di orari rigorosamente imposti dal sistema di sicurezza britannico, che non seguono i tuoi tempi personali. Devi rimanere fermo per ore, senza possibilità di muoverti, il che rende tutto molto impegnativo. Per questo motivo io e Silvia Berti, capo del cerimoniale, fummo incaricati di organizzare l'evento per i due Capitani Reggenti, Mina e Rondelli. Appena fu aperto il registro, mi recai immediatamente a Lancaster Palace, per rendere omaggio durante la cerimonia funebre rappresentando San Marino. Lì sottoscrissi il registro delle condoglianze e ricevetti le disposizioni per i Capitani Reggenti.

Non ho capito, però, come tu abbia potuto partecipare alla cerimonia.

Notai, leggendo le disposizioni, che per ogni Capo di Stato era prevista la possibilità di essere accompagnato dal proprio coniuge o da un accompagnatore.

Quindi, approfittando del fatto che il Capitano Rondelli era membro ufficiale della comunità LGBTQ+, cosa ho fatto? Ho dichiarato me stesso come partner di Rondelli e Silvia Berti come partner di Mina. In questo modo siamo stati invitati non come due rappresentanti per ogni nazione, ma come una delegazione di quattro persone al funerale della Regina. Grazie a questo *escamotage* siamo riusciti ad accedere a Buckingham Palace per l'evento serale e a partecipare successivamente al funerale ufficiale che si è svolto a Westminster. Questo stratagemma che avevo escogitato, ci ha permesso di essere presenti in un'occasione storica così importante. Naturalmente considero questo stratagemma come il segno di un miracolo. Ripeto, la Regina è morta il giorno in cui la Vergine Maria è nata. La Regina mi è sempre stata molto vicina, nominandomi anche ufficiale del *British Empire*, e per questo motivo vedo in tutto ciò un disegno divino. Credo che il Signore, insieme a lei, abbia voluto che partecipassi personalmente a un evento così importante: la sua nascita in cielo. Per noi cattolici, infatti, la morte non è la fine, ma una rinascita in cielo. E il fatto che sia morta proprio nel giorno in cui, secondo la tradizione cattolica, è nata la Vergine Maria, ne rappresenta una conferma simbolica. È un segno profondo della nostra maternità spirituale, un evento che unisce il mistero della fede alla straordinarietà di questa figura storica.

Cosa ha comportato coordinare la presenza dei Capitani?

Ti racconto questo aneddoto. Andai personalmente a prendere i Capi di Stato all'aeroporto, accompagnato dai rappresentanti della Corona e dal *Lord Lieutenant* di Londra. Organizzammo tutto ciò che riguardava la logistica, incluse le automobili, poiché i servizi di sicurezza non ci avevano messo a disposizione i veicoli. Ci trovammo in difficoltà perché dovevamo garantire delle automobili per i Capitani Reggenti e per la scorta, ma nessuno voleva affittarcele. Il motivo era il rischio che queste auto, guidate dai servizi segreti, potessero essere coinvolte in incidenti. Disperato, chiamai il Vice Cancelliere George Holmes dell'Università di Bolton, oggi Università di Greater Manchester, chiedendogli aiuto. In appena sei ore riuscì a trovarmi una Rolls-Royce ultimo modello e una Range Rover altrettanto moderna, entrambe messe a disposizione gratuitamente. Questo grazie alla sua generosità e a quella delle persone che aveva contattato per aiutare San Marino. Fu un esempio straordinario di solidarietà e amicizia in una circostanza così particolare, soprattutto considerando che nessun altro era disposto a prestarci le automobili per una situazione così delicata. Quindi arrivammo al funerale. Tutto era stato organizzato nei minimi dettagli, con un protocollo rigorosissimo e un'atmosfera solenne che rendeva palpabile l'importanza storica del momento. I Capitani Reggenti erano accompagnati dalle auto che eravamo riusciti a procurarci grazie all'aiuto di George Holmes, un dettaglio che ci permise di rispettare le esigenze del protocollo senza alcun intoppo. La cerimonia si svolse a Westminster, un luogo intriso di storia e sacralità, e fu un momento di grande commozione. La presenza di rappresentanti da tutto il mondo testimonia l'impatto universale che la Regina Elisabetta II aveva avuto durante il suo regno. Per noi rappresentare San Marino in tale occasione fu un onore immenso, un privilegio che resterà per sempre impresso nella memoria.

Scusa la domanda se ti sembra banale, ma come ci si veste in un'occasione simile?

No, tutt'altro che banale. Ci vestimmo con le onorificenze: io indossavo la Stella di Sant'Agata, e tutti eravamo in *mourning suit*, con la cravatta nera, simbolo di lutto. Portavamo le medaglie di Sant'Agata e del *British Empire*, a simboleggiare il nostro impegno verso l'Ordine di Sant'Agata e l'Ordine del British Empire. Entrammo nella navata e la prima cosa che ci colpì fu il silenzio. Un silenzio totale, impressionante. Arrivammo molto presto, intorno alle otto del mattino, e rimanemmo lì fino a mezzogiorno, quando lasciammo la cattedrale. Durante quel tempo tutti i Capi di Stato e di Governo presenti mantennero un silenzio assoluto, non si sentiva neanche volare una mosca. Il momento più emozionante fu l'arrivo del feretro della Regina. La cerimonia, già di per sé solenne e carica di emozione, raggiunse il suo culmine in quel momento. Ma ciò che mi resterà impresso, lo ripeto, fu il silenzio: tutti quei Capi di Stato, dal Presidente americano al Vice Presidente cinese, fino al Presidente francese, tutti nella navata, come semplici spettatori, in silenzio, nel più profondo rispetto per questa persona incredibile, questa figura straordinaria che era la Regina Elisabetta II.

Altri fatti significativi?

Ci furono due episodi particolarmente significativi. La sera prima del funerale si tenne un evento, un ricevimento a Buckingham Palace al quale fummo invitati. Solo due delegazioni arrivarono con le proprie auto, mentre tutte le altre giunsero con i pullman messi a disposizione dai servizi segreti. Queste due delegazioni furono quella americana, con il Presidente Biden a bordo della sua celebre auto, *The Beast*, e quella di San Marino, con la nostra macchina. Questa circostanza rappresenta un'altra particolarità straordinaria: lo stato più potente e grande del mondo e una delle repubbliche più piccole arrivarono con la stessa solennità. Fu un altro piccolo miracolo, un momento unico in quei tre incredibili giorni di partecipazione al funerale. Esistono anche foto che documentano il nostro ingresso a Buckingham Palace in cui si vede chiaramente che arriviamo con le nostre auto, in contrasto con i pullman previsti dal cerimoniale. Questo dettaglio rese il momento ancora più memorabile. Il secondo episodio particolare avvenne dopo il funerale. Lasciata la chiesa di Westminster, ci recammo nella chiesa metodista lì accanto dove era stato organizzato un rinfresco. Durante questo evento incontrammo diverse personalità di rilievo, tra cui il Primo Ministro e l'ex Primo Ministro Boris Johnson con sua moglie, il Ministro degli Esteri James Cleverley con la consorte e molti altri notabili. Fu un momento di grande condivisione e significato. Ma ciò che ci colpì maggiormente fu un altro piccolo miracolo. Mentre a tutti i partecipanti veniva richiesto di tornare in pullman al Chelsea Hospital per poi riprendere le proprie auto e rientrare negli hotel, noi decidemmo di camminare. Il nostro servizio segreto approvò questa scelta, così ci incamminammo da Westminster fino all'In & Out Club, il nostro club. Attraversammo la folla e la cosa straordinaria fu l'accoglienza della gente. Si spostavano per farci spazio, non per onorarci direttamente, ma per rendere omaggio al fatto che avevamo partecipato al funerale della loro amata Regina. Si percepiva una profonda commozione. Migliaia, forse milioni di persone, erano presenti in un silenzio rispettoso, lo stesso silenzio che avevamo vissuto dentro Westminster. Attraversare Londra a piedi rese ancora più evidente quanto amore e rispetto il popolo britannico nutrisse per la propria Regina. *Unforgettable.*

Una telefonata con Francesco Bongarrà

Il telefono di Francesco Bongarrà, giornalista parlamentare dell'*ANSA*, attuale direttore dell'Istituto Italiano di Cultura a Londra, amico di Maurizio, dà libero.

...cosa ne pensa dell'exploit di Maurizio in questi ultimi dieci anni?

Otto, per l'esattezza, che prendono avvio dal suo coinvolgimento con il referendum sulla Brexit prima, qui nel Regno Unito, e con quello per la riforma del Senato voluta da Renzi in Italia a distanza solo di qualche mese. Con queste due campagne Maurizio inizia a rendere pubblica la sua immagine e il suo pensiero. Comincia, cioè, a dire: io ho una mia visione su certi temi cruciali e la voglio raccontare. Lo fa in maniera originale, secondo un'ottica per la quale, da una parte non si vergogna della sua fede cattolica – cosa mai scontata – e dall'altra riprende il senso olivettiano di impresa. Un modello di impresa, cioè, che deve essere sì volta al profitto, perché le imprese questo fanno, ma insieme capace di guardare al benessere di chi la realizza e a quello dei suoi dipendenti e collaboratori. Così accade che chiunque lavora con lui e per lui, nel Regno Unito e in Italia, è considerato parte di un progetto; e ciò è un dato di fatto. Questa è una cosa nuova, non tanto in Italia dove abbiamo avuto appunto Adriano Olivetti, quanto nel Regno Unito, dove siamo in presenza di un capitalismo spinto al massimo verso l'ottimizzazione del profitto. Avere un imprenditore che mette al centro della sua visione anche l'aspetto del benessere personale di chi lavora con lui, e non solo, quassù nel tempo si è rivelato dirompente. Ho visto gli effetti di questa prassi, li ho percepiti nei suoi rapporti con le persone con le quali lavora e che incontra; con i soci dell'In & Out, per esempio, con il corpo docenti dell'università dove ha conseguito l'MBA e presso cui, come me, è docente. Maurizio sin dall'inizio ha avuto questa urgenza, questo bisogno di manifestare una concezione del lavoro originale e innovativa che non fosse solo lavoro, ma anche *dedication*, impatto per il miglioramento delle condizioni di vita dell'imprenditore e di chi collabora con lui al raggiungimento degli obiettivi.

Le va di raccontarmi come vi siete conosciuti?

Era il dicembre 2017. Ricordo bene pure il giorno, 8 dicembre, perché era la festa dell'Immacolata. Fu una di quelle cose che, non dico che ti cambiano la vita, però certamente uno di quei momenti belli e vivi che a volte nella vita ti possono accadere. Ero qui a Londra e partecipai all'assemblea della Camera di Commercio. Durante il ricevimento, Alessandro Belluzzo – attuale presidente uscente della Camera, bravissimo avvocato e commercialista italiano qui a Londra – mi dice: «Devi conoscere una persona straordinaria, uno fuori dal comune». Gli domando «In che senso?». «È uno speciale, uno che ha tante idee. E poi è uno che ha uno stile unico: ti ascolta, ti mette a tuo agio, non ti fa pesare il fatto che fa e sa un sacco di cose. Incontralo». Lo incontro, parliamo brevemente nell'allegra confusione del ricevimento a Church House, sotto le guglie gotiche della cattedrale di Westminster. Decidiamo di prendere un caffè insieme l'indomani mattina presto. Io avevo delle interviste da fare in centro in mattinata. Lo raggiungo alle otto al suo club, che poi era accanto al mio, per fare colazione. Bene, ci sediamo alle 8 e ci alziamo che sono le 16:30. Nel mezzo ci scordiamo di mangiare, ci scordiamo di bere, non interrompiamo la conversazione nemmeno per andare in bagno, perché in quelle ore ci raccontiamo le nostre vite, le nostre visioni. Io sono per natura abbastanza diffidente e scettico, se non altro per una deformazione professionale. Quella mattina invece ebbi la sensazione di trovarmi davanti una persona che aveva piacere di ascoltarmi e di raccontarmi un progetto, che in quel caso era il suo progetto per la sua candidatura al Senato. Mi fa leggere la sua intervista rilasciata al *Financial Times* nel 2014 e io capisco che lì ha già dichiarato al mondo quello che ha in testa di fare, anche se quasi nessuno all'epoca l'aveva capito. Io lo comprendo subito appena mi fa leggere quell'articolo, quella mattina al club.

Un'avventura elettorale che però non ha dato i frutti sperati.

Penso che si sia confrontato con me troppo tardi. Alcune scelte, certe impostazioni le aveva già fatte. Per il mio osservatorio privilegiato di sempre – vivevo praticamente a Montecitorio, dove coordinavo il servizio parlamentare dell'*Agenzia ANSA*, per cui certe «lingue» le parlo fluentemente da parecchio tempo – avrei probabilmente potuto consigliarlo diversamente. A ogni modo, lui con entusiasmo si butta in questa partita. Usa questa occasione della corsa per un seggio a Palazzo Madama come un modo per compiere una sorta di viaggio in Italia attraverso l'incontro delle comunità italiane che vivono in Europa. Così facendo acquisisce una nuova prospettiva. Porta a casa una serie di incontri che gli fanno capire tante cose e maturare una serie di convinzioni che gli confermano, tra l'altro, quanto sia speciale la sua impostazione. È per questo che sono convinto che per Maurizio le elezioni del Senato alla fine vanno male in termini di risultato ma vanno bene come potenziamento della sua consapevolezza.

In che senso, scusi?

Bragagni capisce – a proprie spese – che buona parte delle persone a cui si è affidato per la campagna elettorale non valgono nulla. Si rende conto che la scelta della sua candidatura al Senato è stata fatta anche sulla base di indicazioni molto al di sopra di lui; che è stato protagonista e strumento di un'operazione funzionale ad avvicinare persone, ambiti politici e ambiti economici dei due paesi in cui vive, opera ed è cittadino consapevole e impegnato. Ecco, questo passaggio secondo me ha rappresentato per lui un elemento di connotazione, al di là del risultato elettorale. Fatta quella esperienza decide in maniera inequivocabile che il suo impegno non può limitarsi alla sfera imprenditoriale, ma che deve abbracciare anche quella politica, nel Regno Unito più che in Italia.

Poco fa mi parlava del suo rapporto con la fede.

Se c'è un elemento fondamentale per Maurizio è la sua esperienza, il suo essere e dare testimonianza. Prenda l'ultima risposta in un'intervista che ha recentemente rilasciato a un quotidiano inglese. Alla fine il giornalista gli chiede se c'è una domanda che vorrebbe sentirsi rivolgere e lui risponde: Quanto conta la fede nella mia vita.

Una risposta affatto scontata.

E lui afferma che la fede è il pilastro che guida le sue azioni.

Sì. Noti, che parliamo di uno che fa l'imprenditore, e di successo per giunta, che ha portato un'azienda locale italiana a essere quello che oggi è Tratos, che l'ha resa famosa a Londra e in Inghilterra, fino a essere un vero *player* internazionale. La gente, non solo gli addetti ai lavori, oggi sa che cosa è Tratos. Parliamo di uno che ha fatto tutto questo senza ricorrere all'acquisto di spazi pubblicitari, che pur vivendo nascostamente ha saputo parlare con le persone giuste. «Non credo nelle coincidenze, credo nei miracoli», ripete spesso, e quando pronuncia questa sentenza ti smonta. Mi risulta che l'abbia detto anche a Papa Francesco quando l'ha incontrato. Questa storia dei miracoli è il suo *leitmotiv*, e permette di comprendere la semplicità del suo vivere la fede. Glielo ripeto, sostenerlo e viverlo pubblicamente in certi ambienti è una cosa dirompente.

Da una sconfitta elettorale si può uscire fortemente ridimensionati, tornando a quello che dicevamo prima.

E invece lui incassa la sconfitta trasformandola in una risorsa. Si butta come un pazzo su una serie di obiettivi e li raggiunge. Il primo è il *Queen's Award for Enterprise*, il premio della Regina conferito agli innovatori di impresa. Riesce a ottenere il premio come migliore innovatore nel Regno Unito. Consideri che questo è da sempre un paese di innovatori, qui l'innovazione è una religione. Ma lui tanto punta sull'innovazione che riesce a vincere il *Queen's Award*. Ed è un fatto enorme. È la prima volta che una società italiana *frega* altre realtà inglesi che forse sarebbero più orientate all'innovazione delle nostre, e le *frega* in casa loro per giunta. Per di più lo fa con un prodotto tradizionale, con un cavo particolare che si è immaginato e che ha realizzato per il mercato dell'*Oil and Gas*, dotato di particolarissime specifiche tecniche. Per parlare dei cavi poi si inventa la narrativa dei nervi e del corpo umano. Si mette a fare delle conferenze parlando da dio, con un inglese connotato da un forte accento italiano che lo rende naturalmente e immediatamente simpatico a chi lo ascolta. E con quell'inglese magari non perfettissimo riesce a essere convincente.

Come è questa metafora dei cavi come le vene?

La metafora dei cavi come vene e nervi del corpo umano è una cosa a cui neanche io, che pure sono un comunicatore di mestiere, avevo mai pensato. Gliel'ho sentita dire per la prima volta nella *hall* di un hotel a Piccadilly durante un *meeting* con tanti professori di Oxford e Cambridge, e quelli tutti con la bocca aperta così. È il solito Maurizio, ti spiazza e ti fa pensare. È così nel business, nella persona, nella fede, senza soluzione di continuità: sul momento ti spiazza, poi ti fa pensare.

Come pensa che abbia influito in lui la vittoria di quel premio?

Il *Queen's Award* arriva a maggio quando io sono a Berlino come corrispondente *ANSA*. Ricevere questo premio lo conferma ulteriormente nel suo essere punto di riferimento nel Partito Conservatore. Diviene l'interlocutore diretto di Theresa May, la quale parla con lui e basta; di Boris Johnson, con il quale ha un rapporto epistolare e di messaggistica; e poi il suo rapporto straordinario con Jeremy Hunt, una delle persone più perbene che abbia mai conosciuto. Con loro lega tantissimo, grazie anche al successo di Tratos. Un successo che, non va dimenticato, è un successo innanzitutto suo. Senza il *Queen's Award* non so cosa Tratos avrebbe effettivamente fatto in Inghilterra. Capire che aggiudicarsi quel premio era fondamentale è stata un'altra grande intuizione di Maurizio.

Ma ci sono stati anche altri riconoscimenti in quel periodo.

Quello stesso anno di Maurizio si accorge anche l'Italia. Improvvisamente arriva un telegramma dal Quirinale con cui gli viene comunicato che è stato nominato Cavaliere della Repubblica. La cosa strana, quando si dice «non le coincidenze, ma i miracoli», è che un telegramma uguale arriva contemporaneamente anche a me, una cosa stranissima... «non le coincidenze, ma i miracoli». Lo chiamo da Berlino per raccontarglielo e lui sbotta a ridere e mi dice: «Guarda che è arrivato anche a me». Per questo, con la sua proverbiale generosità, mi propone di festeggiare insieme la nostra investitura a Londra.

Ho visto le foto della cerimonia e ho letto sui giornali.

Alla cerimonia, che si tiene all'Ambasciata italiana, arrivano i pezzi grossi del Partito Conservatore. A testimonianza di quanto le sto raccontando tenga presente che in quel momento Hunt sta correndo contro Johnson per la *leadership* del partito, e siamo al venerdì prima del voto; ma Hunt blocca per due ore la sua campagna elettorale e viene all'Ambasciata d'Italia per partecipare a questo momento di festa con noi.

Quindi, come vede, la campagna per il Senato, che ha perso, alla fine non è stata una sconfitta, ma lo ha portato a una doppia vittoria. Due riconoscimenti di quel calibro che arrivano quasi insieme. Qualcuno malignamente avrebbe potuto pensare: questo con le elezioni ha voluto fare il passo più lungo della gamba e farà una brutta fine. Invece, perde lì e nello stesso momento vince altrove.

Potrebbe esserci poi qualcuno che insinua che tutti questi riconoscimenti dopo una sconfitta potrebbero essere letti come una ricompensa, un contentino, che so, magari per essersi fatto da parte.

Nemmeno per idea, non c'è nessun legame tra queste vicende. Per questo leggiamo questi fatti «non come coincidenze ma come miracoli», dico buttandomi nella logica di Maurizio, perché è l'unico modo in cui queste vicende possono essere lette. E poi lasciamo che a parlare di certe cose sia chi su quelle cose ha gli strumenti per fare le giuste valutazioni, tutto il resto sono illazioni. Lui riparte da qui. È già conosciuto nel panorama del Partito Conservatore, è già un importante industriale dei cavi, ma in quel momento diventa uno degli imprenditori più in vista del Regno Unito e una star del partito, incassando anche un prestigioso riconoscimento italiano. Così che anche la comunità italiana del Regno Unito, che già lo conosce, ma solo fino a un certo punto, si deve fermare per togliersi il cappello davanti a lui.

Alla cerimonia c'erano, insomma, una serie di personaggi illustri, se capisco bene.

Sono addirittura venuti tre ministri in carica. Per essere chiari: il Ministro degli Esteri all'Ambasciata italiana a Londra è andato solo un paio di volte nella storia, una per Maurizio.

Comunque questi due traguardi, mi sembra di vedere, sono tappe di un percorso più lungo nel quale è avviato.

Sì, perché lo fanno crescere ancora nella consapevolezza e nell'apertura all'esterno. Capisce che i social sono il modo migliore per arrivare ad ampliare la conoscenza; intuisce che quelli sono un ambito e uno strumento importanti e lo comprende nel momento in cui ancora nel pianeta aleggiano timori su *Cambridge Analytics*, con tutta una serie di dubbi su quel mondo a tratti oscuro. Però si rende anche conto che non può solo comunicare per comunicare, che ci deve essere un contenuto, e si inventa Esharelife, una *charity* che raccoglie fondi per progetti di cooperazione verso paesi in via di sviluppo, una realtà tutta improntata all'innovazione. Risultato: la gente continua a vederlo come uno che innova anche in quel settore.

E sulla nomina a Console di San Marino a Londra? Immagino che lei non sia estraneo alla vicenda.

Nel 2019, dopo il *Queen's Award* torno da Berlino nel Regno Unito. Essendo ambasciatore sammarinese da tanto tempo, ritengo di poterlo presentare al governo sammarinese spiegando ai miei interlocutori sul Titano che secondo me Bragagni è uno che può fare cose interessanti a Londra per la Repubblica; può aiutare a tutelare gli interessi di San Marino perché potrebbe metterci del valore suo. Devo dire che è stato bello far partire questa macchina che poi è andata avanti molto bene, un'iniziativa per la quale lui si spende molto. Appena nominato incappa subito nella crisi del COVID a marzo, era diventato console a novembre dell'anno prima. Così sin dal primo momento si trova in prima linea anche lì. Si accorge che San Marino è tagliato fuori da ogni tipo di supporto esterno e non riesce ad avere nessun aiuto: non arrivano vaccini, non arrivano i presidi sanitari per scongiurare i contagi. Capisce che la prima cosa di cui c'è disperato bisogno sono le mascherine, a maggior ragione del fatto che essendo la Repubblica un piccolissimo stato e vivendo le persone distribuite su un territorio molto ristretto, la situazione rischia di diventare catastrofica. Non so come abbia fatto, ma riesce a reperire le mascherine, che tra l'altro non si trovavano già più nemmeno altrove, e gliele consegna. Diventa un eroe nazionale. A San Marino adesso lo conoscono tutti perché è *quello delle mascherine.* Poi ha fatto anche altre innumerevoli cose belle e importanti, però la cosa per cui è ricordato tra la gente è sicuramente la vicenda delle mascherine.

Il COVID gli serve per continuare a innovare ulteriormente. Per far stare la gente vicina si inventa dei *webinar* che poi diventano anche un concerto di Natale con Esharelife; ancora un modo per innovare facendo del bene. Lo fa con semplicità, con naturalezza. Per quel concerto online mette insieme una quantità di gente impressionante. Un momento di grande condivisione e solidarietà.

Questo lo fa crescere ulteriormente, così tanto al punto che l'Inghilterra continua a ricordarsi di lui e la Regina gli conferisce l'OBE, un riconoscimento anche più difficile da ottenere rispetto al cavalierato italiano; per arrivarci c'è tutto un percorso di istruzione della pratica con una coralità di soggetti che ti propone riconoscendo i meriti che hai.

Poi il COVID finalmente allenta la presa...

...e Maurizio riprende a girare per il mondo. Entra in contatto con i greci; viene a sapere che c'è bisogno di salvare dei profughi e lo fa. Per questo gli danno una medaglia che tra tutti i riconoscimenti di Maurizio è forse quella più significativa. E anche qui, altra cosa sorprendente: non è che fa del bene solo tramite Esharelife e il supporto al progetto AVSI in Kenya. Bragagni il bene lo fa con chiunque gli capiti di incontrare e che capisce possa avere bisogno. E lo fa in silenzio.

Nel 2022, così, gli arriva anche la medaglia dal Governo greco. Di quell'operazione non avrebbe dovuto saperlo nessuno, mi dice a San Marino quando apprese la notizia, eppure gliela consegnano pubblicamente.

Devo sapere altro su San Marino?

La Repubblica del Titano fino a quel momento si può dire che era poco conosciuta a Londra. Lui si spende non tanto e non solo per far conoscere San Marino agli inglesi, ma per far conoscere gli inglesi ai sammarinesi, per far incontrare le persone. In questo contesto riesce a far conferire l'onorificenza di Cavaliere di Gran Croce dell'Ordine di Sant'Agata a Theresa May, a Jeremy Hunt e al professor Hakim, così che queste persone iniziano ad andare a San Marino, la gente comincia a incontrarli per le strade della Repubblica. Per non parlare dell'Ordine di Sant'Agata conferito alla Regina Elisabetta. Un passaggio che ha consentito l'internazionalizzazione di un paese che altrimenti sarebbe rimasto molto chiuso, la cui apertura è dovuta anche a questi incontri che Maurizio ha promosso, a queste onorificenze, a questi momenti di confronto, di scambio che ha fatto nascere proprio con la naturalezza legata all'essere naturale punto di congiungimento tra mondi distanti.

Ho letto di alcuni attacchi nei confronti di Maurizio per l'accordo sull'abolizione della doppia tassazione tra Regno Unito e San Marino. Sono accuse reali?

Questi accordi sono difficilissimi da fare persino con altri stati e lui lo porta a casa con San Marino. Ha ricevuto attacchi su questo, è vero, quella cosa a qualcuno non è piaciuta, non so a chi e in che termini, ma poi la cosa si è smontata da sé.

E anche su come è andata, magari qualcuno proverà a metterci sopra il proprio cappello, ma quell'accordo ha un nome e un cognome: Maurizio Bragagni.

Gliel'ho detto: ha fiuto, mette insieme la gente ed è fortunato perché gli capita di incontrare due persone e di portare a casa qualcosa. E nel frattempo tesse una tela. Lui usa anche cose desuete per creare un legame tra realtà diverse. Con la sua fede, con la condivisione dei valori, con l'impegno per fare di più, per fare meglio, per far crescere, per far stare meglio tutti. Questo è lui.

Insisto, però lo attaccano.

Gli attacchi gli vengono rivolti, sì. Sono anche dovuti al fatto che lui è una persona di grande successo, uno che quando si muove e per come si pone può anche dare fastidio a qualcuno... e poi sa cosa: nel bene o nel male, ha un pregio che è anche un difetto: parla con tutti, e parla con tutti allo stesso modo. Se rilascia un'intervista al *Financial Times*, alla Rai o a un giornale locale non cambia, perché tende ad affidarsi e a fidarsi di chi ha davanti. Ti dice quello che pensa, magari la cosa non viene recepita bene, l'interlocutore sbaglia la trascrizione, qualcuno rimane infastidito e a quel punto il nemico trova l'occasione per creare confusione. Però alla fine confusione reale non c'è mai stata, perché dopo mezz'ora che è uscita un'accusa ci sono una serie di prese di posizione che contraddicono le ragioni di quell'attacco. Per esempio, circa l'accusa di essere islamofobico che gli è stata rivolta per alcune sue dichiarazioni nel corso di un'intervista: qualche giorno fa sono stato con lui a un evento organizzato dai musulmani di Londra, e francamente devo ammettere che un non musulmano accolto così in un contesto come quello non mi è mai capitato di vederlo. Alla fine i fatti vincono sempre e i fatti dicono che Maurizio è uno che fa bene.

Mi ha parlato di un Maurizio uomo, imprenditore, politico, diplomatico, benefattore; in conclusione, se dovesse darmi in punti il profilo di Bragagni, quali sono gli elementi essenziali che delineano la sua fisionomia, il suo identikit?

Primo: Maurizio porta fortuna a chi gli si avvicina.

Secondo: Maurizio è una persona che dice quello che crede e quello in cui crede e non dice certe cose per fare strategia. Per farmi comprendere meglio le riporto un aneddoto. Quando a inizio COVID il Governo blocca la produzione nelle fabbriche, lui prende carta e penna e scrive al Ministro dello Sviluppo Economico Di Maio. Gli spiega che se avessero fermato la produzione avrebbe bloccato tutto. Ci vuole coraggio per fare queste cose. Lui ha avuto coraggio. Quando mi anticipò la lettera, in un primo momento confesso che fui titubante, ma poi pensai al personaggio e dissi tra me: tanto se gli dico di non farlo lo fa lo stesso.

Terzo. Ha un rispetto maniacale, direi quasi assoluto, per gli anziani. Anche quando non hanno ragione. Perché sostiene che i giovani possono andare avanti, mentre coloro che ci sono da prima di noi vanno rispettati a prescindere. Anche questo è controcorrente.

Quarto. È un visionario: guarda lontano e ci prende. Per esempio con i rapporti personali, tante volte capita che siamo insieme a una cena o a un evento e mi diverto a vedere come si muove.

Quinto. Non ti abbandona, anche se non ti vede e non ti sente da un po'. Questa è una delle ragioni del suo successo con gli inglesi. La cosa non è comune.

Sesto. Tiene tutti uniti. Lui si mette al centro e tiene la barra a dritta. Pochi possono dire di avere questa qualità.

Mi sembra che ce ne sia abbastanza.

E poi si ricordi, Maurizio porta fortuna.

Oddio, in che senso?

Tutte le persone che si sono avvicinate a Maurizio, standogli vicino, hanno migliorato la loro posizione. Magari sono coincidenze, però le faccio un esempio recente. Nessuno dei deputati conservatori che Maurizio ha sostenuto nell'ultima tornata elettorale nel Regno Unito, che per i Conservatori è stata un bagno di sangue, ha perso il seggio. Anche a me ha portato fortuna. In alcuni casi mi sono successe delle cose nel corso di questi anni che si sono verificate o il giorno dopo aver parlato con lui, o dopo aver ricevuto una sua email, o dopo che ci eravamo incontrati per caso in qualche aeroporto. Passa mezz'ora e mi accade una cosa bellissima. Maurizio porta fortuna. Lo so che sembra strana questa cosa. Ma Maurizio porta fortuna davvero.

Conclusioni

Nota personale

Ed eccomi a casa, alla fine di questo percorso fatto di conversazioni con Maurizio su questi anni da quando se n'è volato dall'Italia altrove. Ci sono stati incontri negli aeroporti, visite che gli ho fatto in Inghilterra nel suo club e nei suoi uffici, passeggiate sulle rive del lago dove siamo cresciuti. Ogni volta si sono aggiunti elementi fondamentali per la comprensione di questo personaggio così poliedrico.

Durante quelle ore ho avuto ancora una volta la conferma di quale sia il contenuto principale della vita di un uomo di successo. Maurizio ha saputo trasformare ogni sfida che fino a questo momento gli si è posta dinnanzi in un'opportunità di crescita e di bene. È un industriale creativo, un politico influente, un filantropo generoso. Ma soprattutto, è stato e resta, un amico leale che si è raccontato senza riserve. La sua storia è la testimonianza vivente di come il talento e la capacità di visione possano portare a percorsi di crescita personale e collettiva.

Ha saputo trasformare l'azienda di famiglia in un *player* internazionale, aprendo nuove sedi e conquistando mercati. Ha espresso una capacità unica di anticipare le tendenze, di capire i cambiamenti del mondo, di adattarsi alle nuove sfide. La sua visione va oltre il profitto: vuole creare valore per la comunità, offrire opportunità di lavoro e contribuire al progresso della società. Me lo aveva anticipato Francesco Bongarrà nella conversazione telefonica che ebbi con lui, e posso dire di aver trovato riscontro. Ma più volte, nel corso dei nostri incontri, Maurizio ha tenuto a ribadire che il suo successo non è stato solo frutto di abilità imprenditoriali.

L'amicizia è stata una delle chiavi del successo di Maurizio. Le sue relazioni con personalità del mondo delle imprese, della politica e della cultura non sono infatti basate sull'interesse o sul tornaconto. Egli coltiva i rapporti in modo autentico, con un sincero interesse per l'altro. Le sue connessioni umane sono fonte di arricchimento personale e professionale, ma anche opportunità per fare del bene. Come nel caso della donazione di mascherine alla Repubblica di San Marino durante la pandemia, o del salvataggio di un gruppo di migranti attraverso la Grecia, solo per citarne un paio.

Il mio amico mi ha anche raccontato di come l'educazione ricevuta, prima in famiglia, poi nell'incontro con il movimento di don Luigi Giussani, abbia giocato un ruolo fondamentale nella sua vita. Innanzitutto perché queste esperienze gli hanno fatto scoprire la certezza di essere amato, da cui discende la capacità di amare, che resta il desiderio che costituisce nel profondo il cuore di ogni uomo. I valori trasmessi dalla famiglia, l'esperienza del liceo, l'incontro con figure significative, hanno plasmato il suo carattere e la sua visione del mondo. E infatti, l'amore ricevuto e donato è stato il motore di ogni sua azione, come ha voluto sottolineare più volte. Maurizio ha saputo trasformare l'amore in energia positiva, in desiderio di fare del bene, in impegno per gli altri.

La Fondazione Esharelife, da lui fondata, è l'esempio più concreto di questa sua visione. Attraverso eventi di gala, concerti e raccolte fondi, Maurizio sostiene i progetti educativi dell'amico Antonino Masuri in Kenya. Un impegno volto ad aiutare chi è meno fortunato e a contribuire a costruire un mondo più giusto attraverso percorsi di promozione della persona.

La storia di Maurizio è un esempio per tutti, indipendentemente dal campo in cui ognuno di noi operi, o in che paese si trovi a vivere. Ci insegna che il successo non è solo una questione di talento e di fortuna, ma anche di impegno, di passione e di valori. Ci ricorda che l'amicizia è un tesoro prezioso, che le relazioni umane sono fonte di crescita e di arricchimento. E ci spinge a riflettere sull'importanza dell'educazione, catalizzatore dello sviluppo del potenziale umano.

Successo e generosità, talento e amicizia, visione e impegno sociale. La sua storia ci invita a fare la nostra parte, a scoprire e a mettere a frutto i nostri talenti, a coltivare le relazioni umane e a contribuire alla costruzione di un mondo migliore, fatto da persone che per le quali sia possibile vivere secondo ciò che il cuore detta , non essendo disposte ad arrendersi mai.

ALESSANDRO VERGNI

Appendice iconografica

Il dottor Maurizio Bragagni OBE tiene un discorso alla cerimonia di laurea del 2019 all'Università di Bolton, in Inghilterra.

Maurizio Bragagni, presidente di Esharelife, visita il Centro per l'infanzia Ushirika di Nairobi, Kenya.

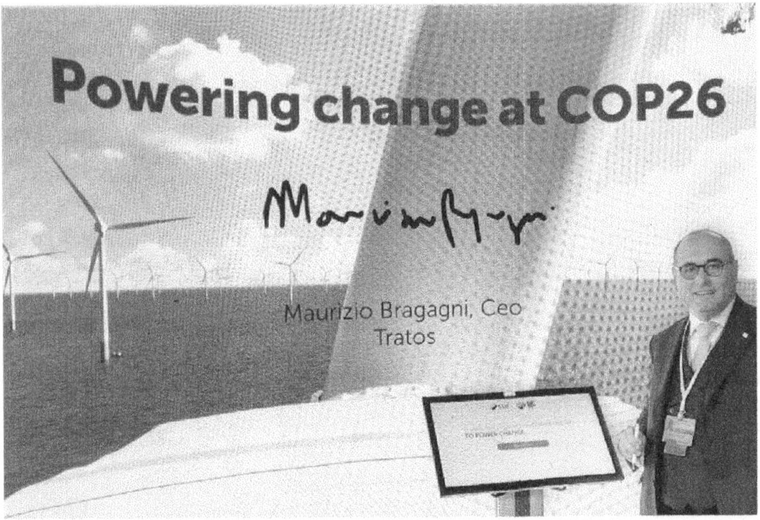

Il dottor Maurizio Bragagni OBE in rappresentanza di Tratos alla 26ª Conferenza delle Nazioni Unite sui cambiamenti climatici nel 2021, tenuta a Glasgow, in Scozia.

Da sinistra a destra, Sir David Cameron, The Rt Hon Ed Miliband, e il dottor Maurizio Bragagni OBE.

Sua Maestà il Re Carlo III con il dottor Maurizio Bragagni OBE.

Il dottor Maurizio Bragagni con gli ingegneri del Porto della Virginia, a Hampton Roads, Virginia, USA.

Sir Nick Clegg visita Tratos mentre il dottor Maurizio Bragagni OBE e il presidente di Tratos Albano Bragagni presentano i macchinari di Tratos.

Il dottor Maurizio Bragagni OBE e la sua famiglia incontrano Papa Francesco I.

Il dottor Maurizio Bragagni OBE accanto alla bandiera della Repubblica di San Marino, orgoglioso delle sue medaglie d'onore.

L'Onorevole parlamentare Theresa May riceve la Gran Croce dell'Ordine equestre di Sant'Agata della Repubblica di San Marino.

Da sinistra a destra, la signora Alessandra Bragagni-Romeo, il dottor Maurizio Bragagni OBE e l'Onorevole parlamentare Theresa May.

Giuramento del dottor Maurizio Bragagni come Console Onorario della Repubblica di San Marino nel Regno Unito di Gran Bretagna e Irlanda del Nord.

Da sinistra a destra, il dottor Maurizio Bragagni OBE, Elisabetta Bragagni, l'Onorevole Boris Johnson, Ennio Bragagni, e il Signor John Light.

Maurizio Bragagni OBE dopo aver conseguito il Master in Business Administration presso la Bayes Business School, City, University of London, nel 2016.

Il dottor Maurizio Bragagni OBE in visita ai bambini del Kenya con la Fondazione Esharelife e la Fondazione AVSI *People for Development* nel 2022.

Il Console dottor Maurizio Bragagni riceve il titolo di Ufficiale dell'Impero Britannico del Regno Unito, presieduto dall'onorevole Lord Mayor Nicholas Stephen Leland Lyons nel giugno 2021.

Rassegna stampa

Order of the British Empire

https://www.bragagni.uk/news-and-media/press-release/italian-media-outlets-on-dr-maurizio-bragagni-obe/

https://www.sanmarinortv.sm/news/attualita-c4/gb-il-console-bragagni-insignito-del-titolo-di-ufficiale-dell-ordine-dell-impero-britannico-a207151

https://www.ildenaro.it/regno-unito-la-regina-elisabetta-nomina-cavaliere-il-manager-italiano-maurizio-bragagni/

https://firenze.repubblica.it/cronaca/2020/07/16/news/imprenditore_toscano_diventa_freeman_della_city_di_londra-262085757/

https://www.arezzonotizie.it/attualita/maurizio-bragagni-cavaliere-regina-elisabetta-inghilterra.html

https://finanza.lastampa.it/News/2021/06/14/tlc-tratos-regina-elisabetta-conferisce-cavalicrato-al-ceo-bragagni/MTYxXzIwMjEtMDYtMTRfVExC

https://www.corriere.it/economia/capitale-umano-industria-5-0/notizie/tratos-l-azienda-italiana-che-realizza-cavi-elettrici-le-ferrovie-inglesi-9d8450f6-b8aa-11eb-86a2-256e95d23aef.shtml

Il giorno della battaglia

https://www.italoeuropeo.com/2018/02/07/elezioni-2018-candidatura-al-senato-maurizio-bragagni-noi-con-litalia/
https://www.radioradicale.it/scheda/533635/politiche-2018-europeista-e-cattolico-ritratto-di-maurizio-bragagni-il-candidato?i=3812619
https://www.arezzonotizie.it/politica/laretino-londra-maurizio-bragagni-candidato-al-senato-nel-collegio-estero-europa-ticket-gabriella-carlucci.html

Il mondo si ferma

https://www.consolatosanmarino.uk/it/news/maurizio-bragagni-console-di-san-marino-presso-la-gran-bretagna/
https://www.thesun.co.uk/news/11363399/san-marino-testing-entire-population-coronavirus/
https://www.libertas.sm/san-marino-lambasciatore-marchetti-e-il-console-bragagni-sentiti-alla-commissione-affari-esteri/
https://www1.saturnonotizie.it/news/read/178150/opinionista.html
https://sanmarinofixing.com/2021/10/13/san-marino-la-visita-di-un-gruppo-parlamentare-britannico/
https://tratosgroup.com/about-us/governance/culture/awards/queens-award/#:~:text=Tratos%20UK%20Ltd%2C%20part%20of,technologically%20advanced%20JBA%C2%AE%20compound.

COP26

https://www.ilrestodelcarlino.it/rimini/cronaca/la-foto-ricordo-di-biden-con-i-reggenti-1b5e1cc6
https://www.researchgate.net/publication/359443806_Sustainable_development_and_the_need_to_reform_the_carbon_tax

La pubblica opinione

https://www1.saturnonotizie.it/news/read/190573/maurizio-bragagni.html
https://www1.saturnonotizie.it/news/read/185938/opinionista.html
https://www.bbc.com/news/uk-politics-61745024
https://amp-theguardian-com.cdn.ampproject.org/v/s/amp.theguardian.com/politics/2022/sep/22/labour-conference-stall-linked-to-tory-donor-who-claimed-foreign-muslims-run-english-cities?amp_gsa=1&amp_js_v=a9&usqp=mq331AQIUAKwASCAAgM%3D#amp_tf=Da%20%251%24s&aoh=17326283439198&referrer=https%3A%2F%2Fwww.google.com&ampshare=https%3A%2F%2Fwww.theguardian.com%2Fpolitics%2F2022%2Fsep%2F22%2Flabour-conference-stall-linked-to-tory-donor-who-claimed-foreign-muslims-run-english-cities

Un amico Grande

https://www.ilrestodelcarlino.it/rimini/cronaca/i-reggenti-allincoronazione-lomaggio-di-san-marino-a-carlo-e-lincontro-con-mattarella-7b98e148

https://www.sanmarinortv.sm/news/attualita-c4/a-londra-l-ultimo-saluto-a-elisabetta-ii-console-bragagni-dalla-regina-amicizia-e-rispetto-verso-san-marino-a229576
https://www.corriereromagna.it/san-marino/ai-funerali-di-elisabetta-anche-i-capitani-reggenti-di-san-marino-PVCR403941

Pronto, Bongarrà…

https://www.ft.com/content/27c267ae-423c-11e4-9818-00144feabdc0
https://www.lanotizialondra.com/2024/06/09/bragagni-mia-madre-e-litalia-mia-moglie-e-linghilterra/
https://askanews.it/2023/11/20/da-esharelife-60mila-euro-per-scuole-in-kenya/
https://www.complitaly.uk/notizie/san-marino-bragagni-impegno-deciso-a-favore-dellucraina-e-della-pace
https://finanza.lastampa.it/News/2023/05/18/fisco-san-marino-e-regno-unito-firmano-accordo-su-doppie-tassazioni/MzNfMjAyMy0wNS0xOF9UTEI
https://www.complitaly.uk/notizie/maurizio-bragagni-tra-i-vincitori-dei-primi-ssen-sustainability-awards
https://www.lanazione.it/arezzo/cronaca/limpegno-per-la-pace-bragagni-premiato-diversita-e-inclusivita-sono-valori-da-difendere-66c8bfab
https://www.lanazione.it/arezzo/cronaca/centomila-sterline-per-il-kenia-dalla-fondazione-di-bragagni-mp2oo9po
https://www1.saturnonotizie.it/news/read/192807/maurizio-bragagni-ringraziamenti.html
https://www.lanazione.it/arezzo/cronaca/bragagni-uomo-dellanno-2023-lomaggio-di-made-in-britain-b0231ae3
https://www.ferpress.it/tratos-azienda-leader-del-settore-

dei-cavi-ad-altissima-tecnologia-ottiene-queens-award-for-innnovation-2019/
https://www.agenzianova.com/en/news/united-kingdom-bragagni-british-italian-conservatives-total-solidarity-with-johnson/

Finito di stampare nel mese di aprile 2025
da Geca – divisione libri di Ciscra SpA, Arcore (MB)
www.gecaonline.it